우리네
일상 속에서
즐거움과 휴식,
희망을 주는

트로트
인기가요
169곡

차례 CONTENTS

차례 CONTENTS

가지마

진성 작사 | 김도일 작곡 | 진성 노래

♩ = 140

눈물방울빗 물로 여기면서살아왔던 날 들이 -
후회한점없 다면 그건 거 - - 짓 말 - 그저
오 - 로지 - - - 사랑 하나 - 만을 - 위해 -
나살 - 리라 - 오늘 내 - - 일 - 도 - -
가 지 - 도 - - D.S. al Coda
오늘 내 - - 일
- 도 - -

갈테면 가라지

이건우 작사 | 유현상 작곡 | 유현상 노래
♩ = 145
남 자 가
한 번쯤- 고독해할때 - 따뜻한 가슴의- 말이필요하 지 외로워
하 - 는- 여자마음을 - 내가아직도 몰 라- 떠나간다 고
어제밤 우 - 리만난게 아냐 - 서로의 깊 - 은속을왜몰라 - 나없이
며칠 만지냈 어봐 생 각이달라 질걸 그렇 게 아픈이별을왜 원해 -
갈 테면가라지- 날 두고가 라지- 잊으 라 면못잊어줄까봐 -
갈 테면가라지- 마음대로가라지- 눈물 은 왜 갈테면가 라지 -

어제밤 우-리만난게 아냐 - 서로의 깊-은속을왜몰라 - 나없이
며칠 만지냈어봐 생 각이달라 질걸 그렇 게 아픈이 별을왜 원해 -
갈 테면가 라지- 날 두고가 라지- 잊으 라 면 못 잊어줄 까봐 -
갈 테면가 라지- 마음대로가 라지- 눈물 은 왜 갈테면가 라지 -
갈 테면가 라지- 날 두고가 라지- 잊으 라 면 못 잊어줄 까봐 -
갈 테면가 라지- 마음대로가 라지- 눈물 은 왜 갈 테면가 라지

거기까지만

김병걸 작사 | 이충재 작곡 | 송가인 노래

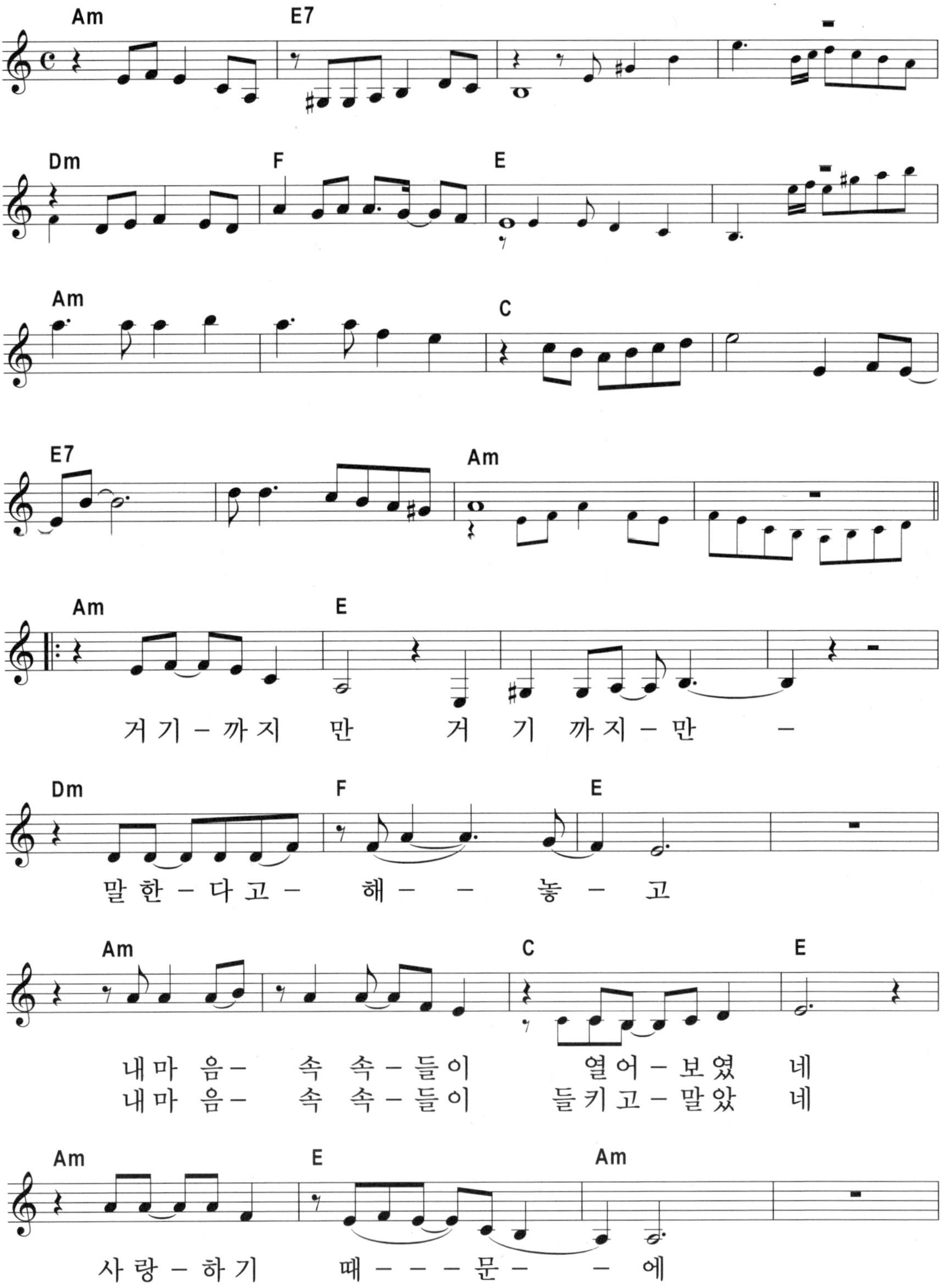

잡 기 도 하 고   놓 기 도 - 하 는
변 덕 - 스 런   그 대 의 장 난 앞 - 에 -
만 나 - 면 그 냥   무 너 지 는 이 마 음 을   알 - 고 있 - - 는   당
신   이 -   미 - 워 - 미 워 -   요 -
만 나 - 면 그 냥   무 너 지 는 이 마 음 을   알 - 고 있 - - 는   당
신   이 -   미 - 워 - 미 워 -   요 -

거짓말

김진룡 작사 · 작곡 | 조항조 노래

♩= 112

우 － 우 우 우 우 － 우 우 우

우 우 － 우 － 우 우 우

사 랑 했 다 는 그 말 도 거 짓 말 돌 아 온 다 던

그 말 도 거 짓 말 세 상 의 모 든 － 거 짓 말 － 다 해 놓

고 행 여 나 를 찾 아 와 있 을

너 의 그 마 음 도 다 칠 까 너 의 자 리 를

난 또 비 워 둔 다 이 젠 더 이 상

속아선 안되지 이젠 더 이상 믿어선 안되지
하지만 그게 말처럼 - 쉽지 않아
다시 한번만 더 나 너를 다시 한번 만
더 너에게 나를 사랑할 기횔 주어 본
다 어떤 - 사랑으로 나의
용서에 - 답하련지 또 잠시 날 - 사랑하
다 떠날 건 - 지 - 마치 처 음 날 - 사랑하
듯 가슴 뜨겁게 와 있지 만 난 왠 지 - 그 사

랑 이 -두 려 워 -   오 직 - 나 만 을
위 한 그 약 속 과   내 곁 에 서 날 지 켜 준 다 는 말
이 번 만 큼 은 - 제 발   변 치 않 길
오 직 - 나 만 을
위 한 그 약 속 과   내 곁 에 서 날 지 켜 준 다 는 말
이 번 만 큼 은 - 제 발   변 치 않 길
D.S.

계단 말고 엘리베이터

박진복 작사 | 정성현 작곡 | 임영웅 노래

고백

김종환 작사 · 작곡 | 김종환 노래

오늘 하루도 당신은 어떻게 지냈나요 매일
똑같은 일에— 쉬지도 못하고— 그 대마음도지쳐있겠 죠
바쁘게 일을할—때나 차가막혀 서있을때에도 어디
요 얼마나 사랑하는지 바쁘
가 아픈지 무슨 일은없—는지 걱정 하는내맘 아시나요 날
게——사는 나의 이런—모습이 밉지 않았으면 좋겠어요
만 —나 행복한가요 맘에 꼭 들진 않겠지 만 요즘

그런 당신의 - 힘든 모습 감추려 - 남 모르게 - 운 적 - 은 없나
요 바쁘 다는 이유로 - 내가 화를 냈을 때 마
음 다치지는 않았나 요 가끔씩 나에 - 게 할 말 있어도 - 참
고 있은 적은 없었 - 나 - 요 - - 그래 요 내 자신도
잘 알 아요 - 그래서 더욱더 - 미안해 요
이러는 내 맘 아나 요 그래
요 내 자신도 잘 - 알아요 그래서 더욱더 -
미 안 해요 -

고삐

이건우 작사 | 유현상 작곡 | 유현상 노래

♩ = 130

고 삐를잡아 고 삐를잡아 고 삐를잡아 고 삐를잡아
고 삐를잡아 고 삐를 - 잡 아 잡 아
잡 아 - 고 삐를 - 잡 아
가 는 - 세 월 - 고 삐 를 - 잡 아
아 쉽 잖 - 아 정 말 - 싫 잖 아
웃 고 - 있 잖 아 울 기 - 는 싫 어

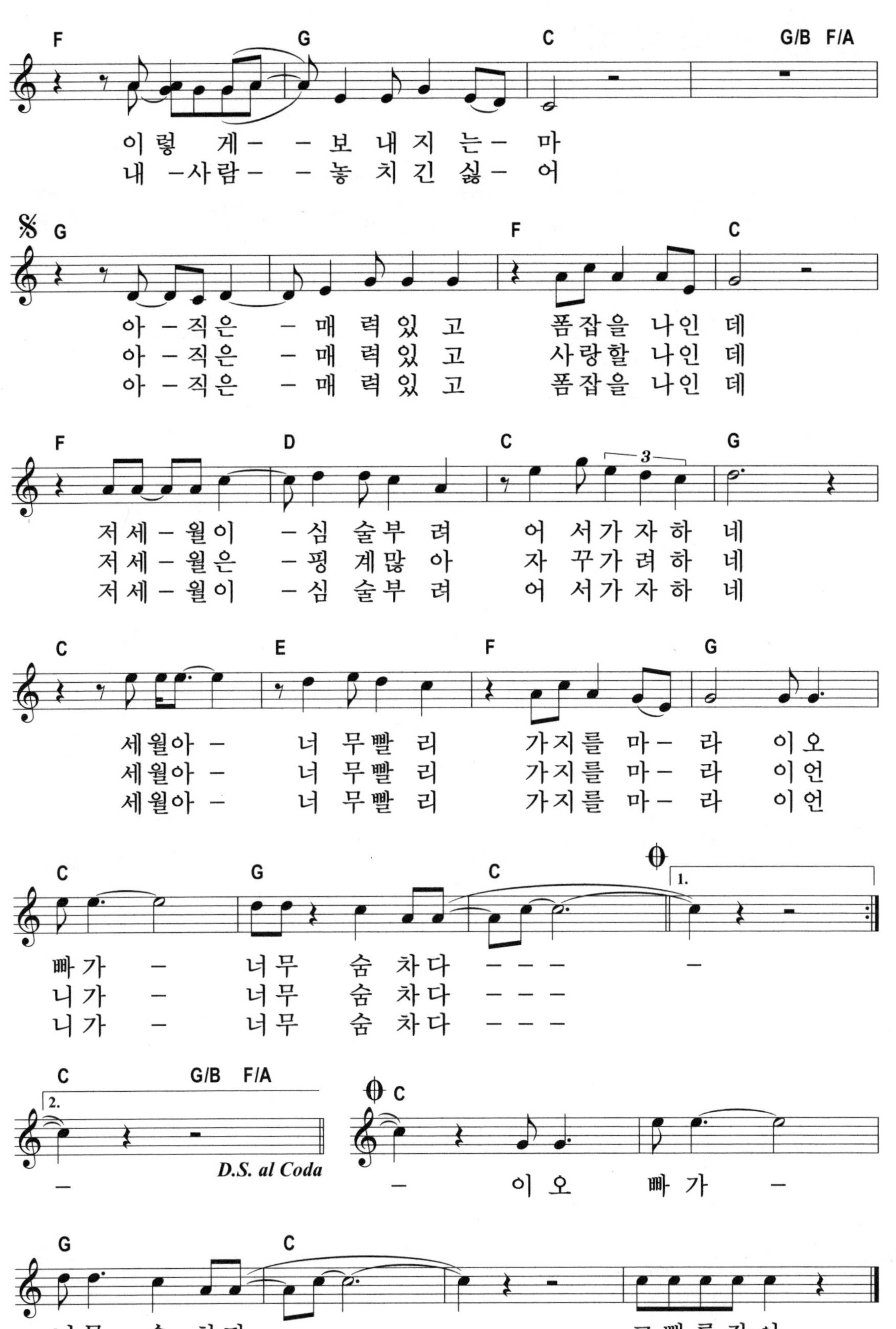
F G C G/B F/A
이렇게 - - 보내지는 - 마
내 - 사람 - - 놓치긴싫 - 어
G F C
아 - 직은 - 매력있고 폼잡을 나인 데
아 - 직은 - 매력있고 사랑할 나인 데
아 - 직은 - 매력있고 폼잡을 나인 데
F D C G
저세 - 월이 - 심술부려 어서가자하 네
저세 - 월은 - 핑계많아 자꾸가려하 네
저세 - 월이 - 심술부려 어서가자하 네
C E F G
세월아 - 너무빨리 가지를 마 - 라 이오
세월아 - 너무빨리 가지를 마 - 라 이언
세월아 - 너무빨리 가지를 마 - 라 이언
C G C
1.
빠 가 - 너무 숨 차다 - - - -
니 가 - 너무 숨 차다 - - - -
니 가 - 너무 숨 차다 - - -
C G/B F/A
2.
- D.S. al Coda
C
- 이 오 빠 가 -
G C
너무 숨 차다 - - - - 고삐를잡아

고장 난 벽시계

윤중민 작사 | 박성훈 작곡 | 나훈아 노래

세 월 － － － － － 아 －
청 춘 － － － － － 아 －
너 － 는 어 － － 찌　돌 아 도　보 지 － 않 느 －
너 － 는 어 － － 찌　모 른 척　하 고 － 있 느 －
냐　나 를 속 － 인 －
냐　나 를 버 － 린 －
사 － 람 보 다　니 가 더　욱 －　야 속　하 더 －
사 － 람 보 다　니 가 더　욱 －　무 정　하 더 －

G   D
- 라 -   한두번   사랑- -땜에
- 라 -   뜬구름   쫓아- -가다

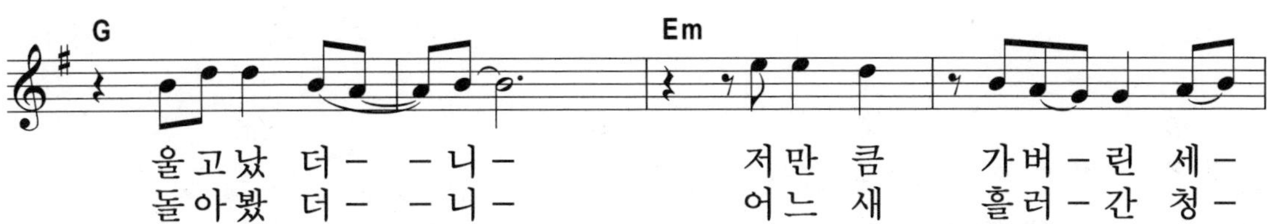
G   Em
울고났 더- -니-   저만큼   가버-린 세-
돌아봤 더- -니-   어느새   흘러-간 청-

D   Em
월   -   고장 난   벽 시계 는   멈추었 는
춘   -   고장 난   벽 시계 는   멈추었 는

D   G
데 저세 월 은- 고장-도 없 - 네   -
데 저세 월 은- 고장-도 없 - 네   -

Em   D
고장 난   벽 시계 는   멈추었 는 데   저세

D   G
월   은- 고장 - 도 없 - -네 -   -

곤드레 만드레

최비룡 작사 | 이승한 작곡 | 박현빈 노래

♩ = 140

Am   D   G   Am
-도   햇살처-럼   안아줄-게   너의 흔들리는
Em   B7   Em   D
사 랑을   꽃으로피 워줘   다시는 너를 울리-지
G   Am   B7   D
않을-거야   나 의여자-로 만들-거야   내겐   언제-나
G   Am   B7
너 뿐-이야   웃으며내 게   돌아와줘 -   곤 드
Em   Am   D   G
레- 만드레   나 는   취-해버렸-어 -
Am   Em   F#   B7
너 의사랑-의   향기속에   빠 져 버렸어 -   곤 드
Em   Am   D   G
레- 만드레   나 는   지-쳐버렸-어 -
Am   Em   F#   B7   Em
나 의심장-이   멎기전에   제 발   돌아와 -
Am   Em   F#   B7   Em
나 의심장-이   멎기전에   제 발   돌아와 -

공

나훈아 작사 · 작곡 | 나훈아 노래

♩ = 80

살다보면 알 게돼 – 일러–주지 – 않 아도–
살다보면 알 게돼 – 알고–싶지 – 않 아도–

너나나나 모 두 – 다– 어리석–다 –는 것을–
너나나나 모 두 – 다– 미련–하다 –는 것을–

살다보면 알 게돼 – 알 면웃음–이 나지–
살다보면 알 게돼 – 알 면이미–늦 어도–

우리모두– 얼 마 나 – 바보–처럼 ––사 는지–
그런–대로살 만 한 – 세상–이라 –는– 것을–

잠시 왔–다가 는인생 잠시 머물–다 갈 세–상 –
잠시 스쳐가– 는청춘 홀– 쩍 가버린– 세 – 월 –

백 년도 힘든 것 을– 천년을 살것 처 럼––

살다보면 알 게돼 – 버린–다는 – 의 미를 –
살다보면 알 게돼 – 비운–다는 – 의 미를 –
내가가진 – 것 – 들이 모두–부질 없 다는 –것–을 –
띠리 – – – 띠리띠 리 띠리 – 띠 띠리리 띠리 –
띠리 – – – 띠리띠 리 띠리 – 띠리띠리 띠리 띠 리 – 리 –
모두–꿈이 – 였다 는 것 을 – 모두–꿈이 였 다 는
– 것 을 – 띠리 – – – 띠리– – – – – – 띠 띠리
띠 리 띠리 – – 띠리– – 띠 리 – 띠리– – 띠리
띠리 – –

27

구름같은 인생

박건호 작사 | 김영광 작곡 | 이자연 노래

가슴적시던 저노을빛이 오-늘은나를-울리네
어디로 가야하나 구름같-은 내인
-생 바람이 부는대-로 흘러가-네
아
네 아아아아 구-름같은
-인-생-----

99.9

김순곤 작사 | 박현진 작곡 | 배일호 노래

당신하나쯤 행복하게할수있 - 어 -
당신앞에선 누구보다남자답 - 지 -

멋진옷에 좋은차 부러워하지 마
번지르한 겉모습 거기에속지 마

빈수레가 요란하잖 - 아
빈깡통이 소리가크 - 지

속이꽉찬남 자 구십구점구 사랑도구십구점 - 구 -

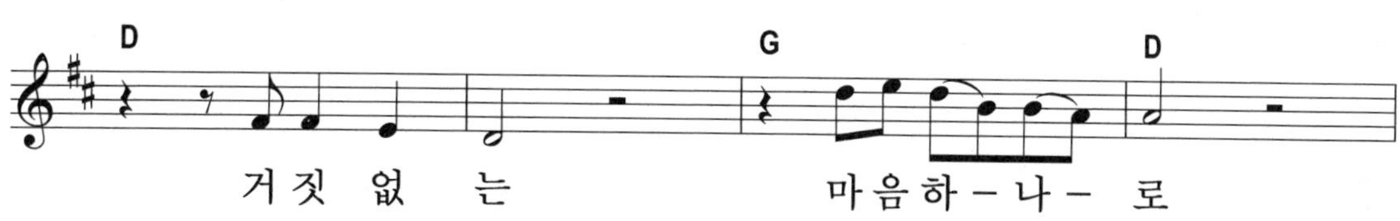

거짓 없 는 마음하 - 나 - 로

당 신만을 - 기 - 다리 - 잖아 -

귀거래사

김신우 작사 · 작곡 | 김신우 노래

♩ = 90

해 가 지 고 달 이 - 뜨 고 그 안 에 내 가 숨 쉬 니 -
어 디 인 들 이 내 몸 갈 곳 이 야 없 으 리 -
작 은 것 을 사 랑 하 며 살 터 이 다 친 구 를 사 랑 하 리 라 -
말 이 없 는 저 들 녘 에 내 님 을 그 려 보 런 다 - 바 람 아
- 불 어 라 이 내 몸 - 을 날 려 주 렴 아 - 하 늘
아 구 름 아 내 몸 실 어 떠 나 가 런 다 바 람
아 불 어 라 이 내 몸 - 을 날 려 주 렴 아 - 하 늘
아 구 름 아 내 몸 실 어 떠 나 가 런 다
오 오 오 오 오 오 오 오 오 오 오 오

그 사람이 그 사람

조동산 작사 · 작곡 | 송대관 노래

그래서 그런 건지 가슴에묻어
둔 당신이 너무그리
워 - 내눈물밟고 떠났지만
당신이최고였 다 지난날
우리 사 랑 영원하지못했지만 당신같은
사람 - 다시 만날수없을거
야
진-실한
가슴이 없더라 -
D.S. al Coda

그대가 나를
박건호 작사 | 김종희 작곡 | 오승근 노래
♩=90
그대가 나-- 를 나를 사랑할수없 다-- 면
눈물이 흘-- 러 나의 두-볼이젖 어-- 도
차라리 떠나가야 지 미련
이대로 떠나가야 지 그대
이 -남아서 돌아본 다고
의 -얼굴을 한번더 보면
그마음이이- 달 라지-려 나 다잊어버리 자
외로움이이- 씻 어지-려 나 다잊어버리 자
36

세월이 흘러 도 - - - - - - 변치말 - 자 고 - -
지나간 사랑 이 - - - - - - 너무아 - 쉬 워 - -
우리 는 약 속했 지 - 만 - 이
가다 가 돌 아보 지 - 만 - 이
젠 잊어야 - 지 그 대 잡을수가없 으 - 니
그 건 이별보 다 괴로운 만 남 가슴아 파
도 떠 나 - 가 야 - - 지 - -

그대를 사랑해

서판석 작사 | 이호섭 작곡 | 김혜연 노래

Am   E7   Am   Dm
어   내가떠난   빈자리에   눈   물로접
어   나를떠난   빈자리에   두   고간눈

Am   G7   E7   Dm
어   놓은사연   펼쳐보며   흐느껴울 – 그대생
물   젖은사연   펼쳐보며   떠나버린 – 그대생

G7   Am   G7   E7
각 하면 –   내가슴이 – 아프지만
각 하면 –   내마음이 – 아프지만

Dm   G7   Am   B7   E7
늦기전에 – 나그대를위해 –   떠나야해요
늦기전에 – 그대나를위해 –   떠나갔나요

Am   E7
사랑해   그대를   사랑해 –   사랑해   그대를

Am   Dm   E7
사랑해 –   내가없 – 어 도 빰 빠밥 빠밥

Dm   E7   Am   Dm
행복하세요 My   Love   내가없 – 어 도

E7   Dm   E7   Am E7 Am
빰 빠밥 빠밥 행복하세요 My   Love

그저 그렇게

김정혜 작사 | 태진아 작곡 | 태진아(feat. 장윤정) 노래

것도 - - 사랑이 겠지 - - 세상사는
게 - 다그런 거지 - - 뭘그리 아등바등 -
- 살려고 하나 - - 그저그렇게 -살다가 살다가
살 다 - 가보 면 - 언젠간 우리사랑 -
이뤄 - 지 겠 지 - - - 그저그렇 - 그저그렇
게 - 살다가 살다가 살 다 - 가보 면 - 언젠간
우리사랑 - 이뤄 - 지 겠 지 - -
(아 - - 아 - - 아 - - 아 - -)
아 아 아 아 아 아 아 아 아 아

꼬마인형

장경수 작사 | 장욱조 작곡 | 최진희 노래

꽃

정인 작사 | 임강현 작곡 | 장윤정 노래

꽃길

김순곤 작사 | 임강현 작곡 | 윤수현 노래

다시 돌아가라 하면 – 싫어 – 요 난 못가 –
다시 돌아가라 하면 – 싫어 – 요 난 못가 –

요 비단 – 옷 꽃 – 길 – 이라도 – 이제 –
요 비단 – 옷 꽃 – 길 – 이라도 – 이제 –

다 시 사랑 안 해요 – 몰라 서 걸어온
다 시 사랑 안 해요 – 몰라 서 걸어온

그 길 알고는 – 다 시 는 못가 아 파
그 길 알고는 – 다 시 는 못가 아 파

도 - 너무나 - 아 - 파 - 사랑은 - 또무 - 슨 - 사
도 - 너무나 - 아 - 파 - 꽃길은 - 또무 - 슨 - 꽃
랑 - -
길 - - 몰라서 걸어 - 온
그 - 길 알고는 - 다시는 못가 - 아 파
도 - 너무나 - 아 - 파 - 사 랑은 - 또무 - 슨 -
사랑 - - - 꽃길 은 - 또무 - 슨 - 꽃길 - -

꽃바람 여인

조승구 작사 | 김영철 작곡 | 조승구 노래

남자의 눈물

석송 작사 | 현철 작곡 | 현철 노래

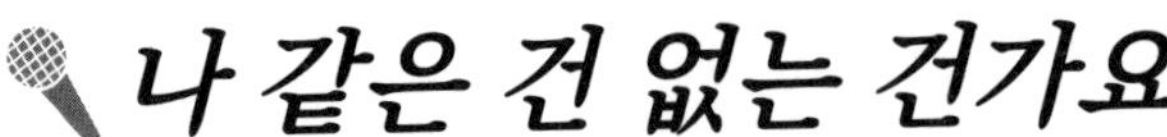

나 같은 건 없는 건가요

추가열 작사 · 작곡 | 추가열 노래

♩ = 86

요 그대만 행복하－면그만 인－가요 － 더이상 나같은－ 건없는건가
요 한번 만 나를 한번 만 나를생각해 주 면 안되나
요
요 그래도 떠 나가 네 요 붙잡을
수 는없 겠죠 － 부디나 에게 사랑 했 다고한번만
말 해주 세 요

나쁜 남자

이경미 작사 | 신웅 작곡 | 신유 노래

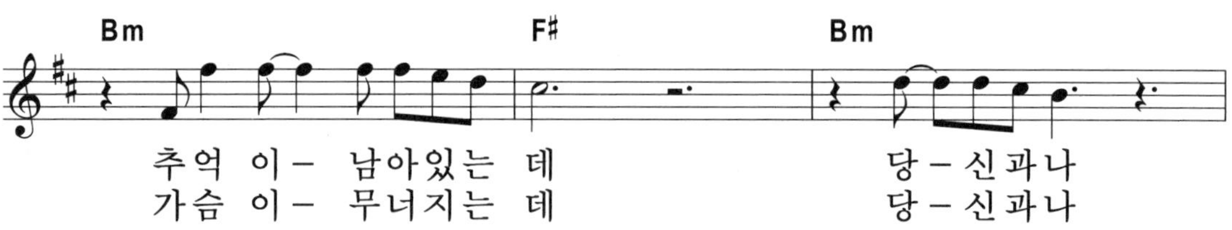

F#
Bm
당 — 신을다 시한 번 안고싶지만

Bm
Em
Bm
G
F#
한 번 더안 아달라 그눈으로 말하지만 더이상

Bm
Em
Bm
은 아니 — 란 걸 — 당 — 신 도 나도알

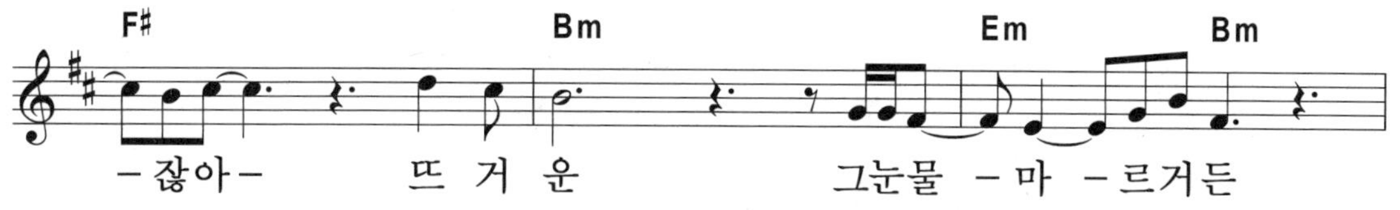

F#
Bm
Em
Bm
— 잖아 — 뜨 거 운 그눈물 — 마 — 르거든

F#7
Bm
F#7
1.
2.
잊 — 어요나 쁜 — 이남 자 잊 — 어요나 쁜 —

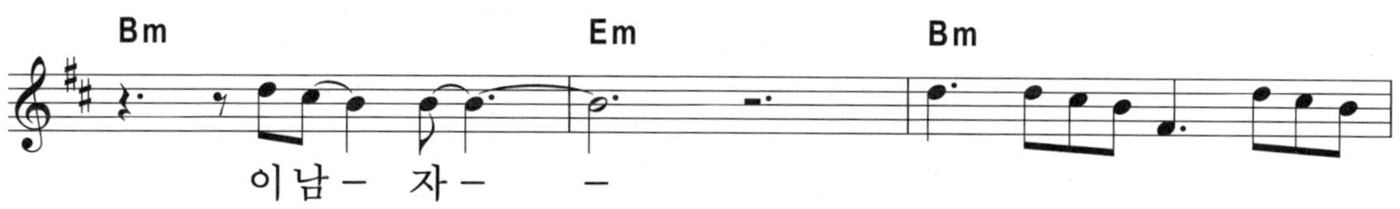

Bm
Em
Bm
이남 — 자 — —

C#
F#
rit.
Bm

나성에 가면

길옥윤 작사 · 작곡 | 심은경 노래

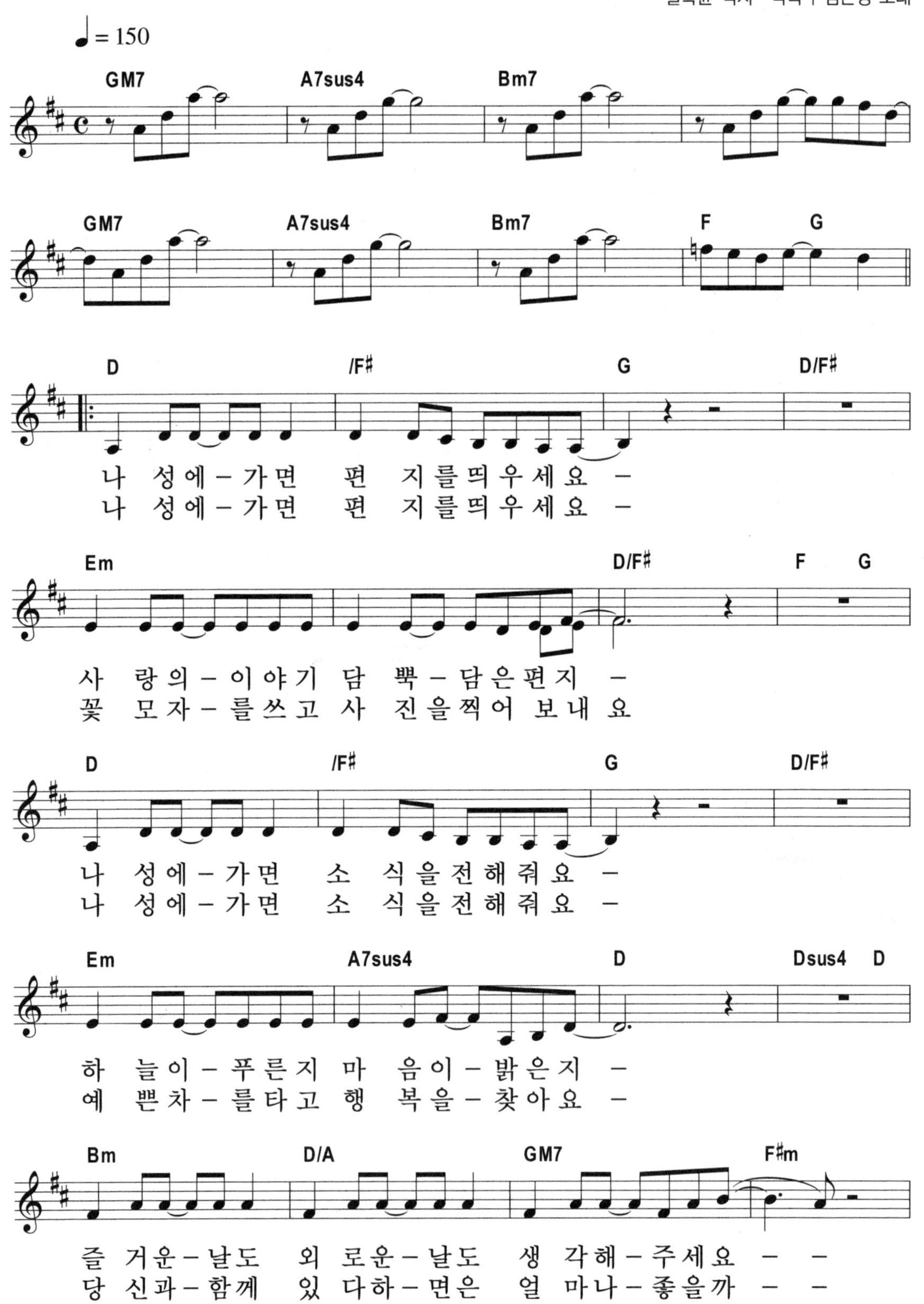
나 성에 - 가면 편 지를 띄우세요 -
나 성에 - 가면 편 지를 띄우세요 -
사 랑의 - 이야기 담 뿍 - 담은편지 -
꽃 모자 - 를쓰고 사 진을찍어 보내요
나 성에 - 가면 소 식을전해줘요 -
나 성에 - 가면 소 식을전해줘요 -
하 늘이 - 푸른지 마 음이 - 밝은지 -
예 쁜차 - 를타고 행 복을 - 찾아요 -
즐 거운 - 날도 외 로운 - 날도 생 각해 - 주세요 - -
당 신과 - 함께 있 다하 - 면은 얼 마나 - 좋을까 - -

나 와둘-이서 지 낸날-들을 잊 지말-아줘요 - -
어 울릴-거야 어 디를-가도 반 짝거-릴텐데 -
나 성에-가면 편 지를띄우세요 -
함 께못-가 서 정 말 미안해요 -
나 성에-가면 소 식을전해줘요 -
안 녕   안 녕 내 사 랑 -
안 녕   안 녕 내 사 랑 -

나이야 가라

한시윤, 류원광, 손연성, 용기 작사 | 류원광, 손연성 작곡 | 김용임 노래

마음엔 나 이가- 없 는거-란 걸--
청 춘엔 기 준이- 없 는거-란 걸--
세 월 도- 빗 겨 가 는- 걸 -
지 금 도- 한 창 때 란- 걸 -
잊지는 말아 요-- - 오늘이순-간- 이 내 인
생 - -에- 가 장 젊-은- -날- -
나이 야가-라 나 이 야가-라
나이야가라
나이 야가-라 나 이 야가-라 나이가대 수냐 - 오 늘
이 가 장 젊 은 날-- 오 늘
이 가 장 젊 은 - 날 -

남의 속도 모르면서

조영창 작사 | 박성훈 작곡 | 하춘화 노래

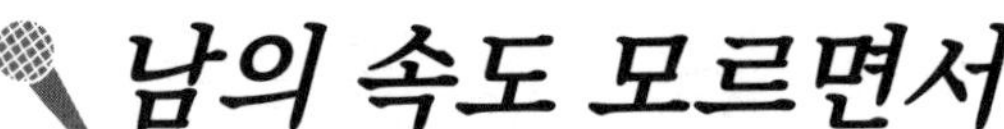

아 – 픈 –가 슴 –파 고들 때면 – –
밉 다가고운 사 –람 – 곱 다가미운 사람–
내 마음–을 흔 드 는– 사 –람 –
왜 나 를–잡나– 요 왜 나 를–잡 나 –요–
왜 자 꾸–잡나– 요 왜 자 꾸–잡 나 –요–
남 의–속 도 모–르 면 – –서 –
남 의–속 도 모르– 면 – –서 –
남 의–속 도 모르– 면 – –서 –

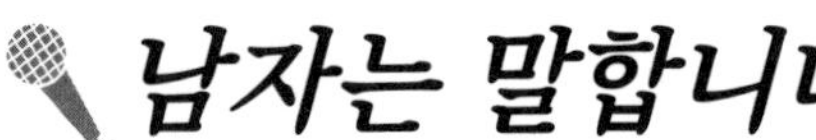

남자는 말합니다

윤명선 작사 | 양주 작곡 | 장민호 노래
♩=68
Cm Eb Fm Bb Eb Eb Cm Ab Bb Eb Cm Fm Bb Eb Cm Eb Bb Eb Bb/D
여 행 갑 시 - 다 나의여자 - 여   하 나
안 아 봅 시 - 다 나의여자 - 여   하 나
뿐 인 - 나의 - 여 자 여
뿐 인 - 나의 - 여 자 여
상 처 투 성 - 이 병이들어버 린 당 신   여행
고 운 얼 굴 - 에 쓰여진슬 - 픈 이 야기 -   오 늘
- 가 - 서 - - 낮게 - 하 리 - - 다 -
- 밤 - 에 - - 지 워 - 봅 시 - - 다 -
1.2.나 란 - 사 람 하 나 만 믿 고 같 이   살 - 아 - 온
3.나 란 - 사 람 하 나 만 믿 고 같 이   살 - 아 - 온

바보같이 착한 -사람아 -
바보같이 착한 -사람아 - --- -

남자는말합니다 고맙구-요 감사해-요 오-직

나 만 - - 아 는 -사 람 - - 아 -

--아 -
D.S.
--아-

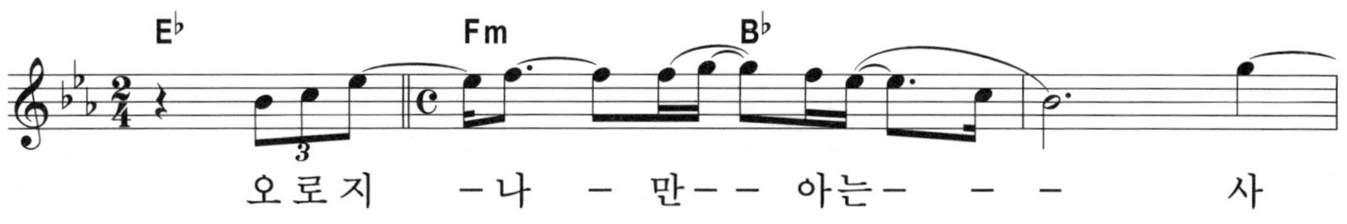

오로지 -나 -만-- 아는- - - 사

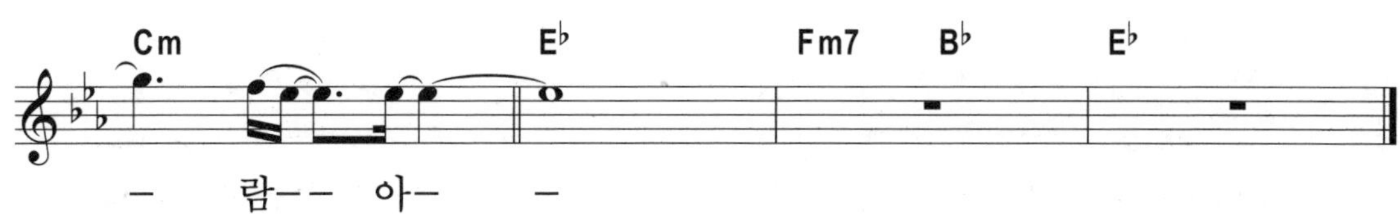

- 람-- 아- -

남자라는 이유로

김순곤 작사 | 임종수 작곡 | 조항조 노래

묻어두고지 - 낸 그세월 이 - 너무길었
어
저마다
어 언제한 번 그런날 올 까요 가슴을열 고
소리 - 내어 - 울 어 울어볼 날 이 - 남 자 라는이 유로
묻어두고지 - 낸 그세월 이 - 너무길어
요

내 나이가 어때서

박무부 작사 | 정기수 작곡 | 오승근 노래

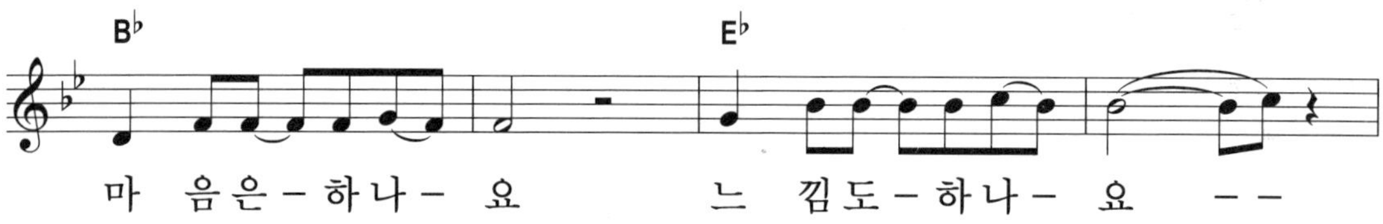

Gm   E♭   F
그 대 만 이 정 말 - 내 사 랑 인 - - 데 - -

B♭   Gm   Cm   F
눈 물 이 - 나 네 - - - 요 - 내 나 이 가 어 때 서

B♭   F   B♭
사 랑 - 하 기 딱 좋 은 - 나 인 - 데 -

F   B♭
어 느 날 - 우 - - 연 히 - 거 울 속 에 비 춰 - - - 진 -

Gm   E♭   F
내 모 - 습 을 - 바 라 보 - 면 - - 서 -

B♭   Gm   F
세 월 아 비 켜 - 라 - - - - - 내 나 이 가 어 - 때 서

Cm   F   B♭
사 랑 - 하 기 - 딱 좋 은 - 나 인 - 데 -

Cm   F   B♭
사 랑 - 하 기 - 딱 좋 은 - 나 인 - 데 - -

63

내 사랑 그대여

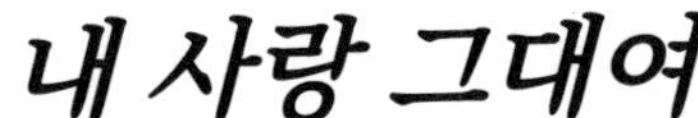

정의송 작사 | 정의송 작곡 | 김용임 노래

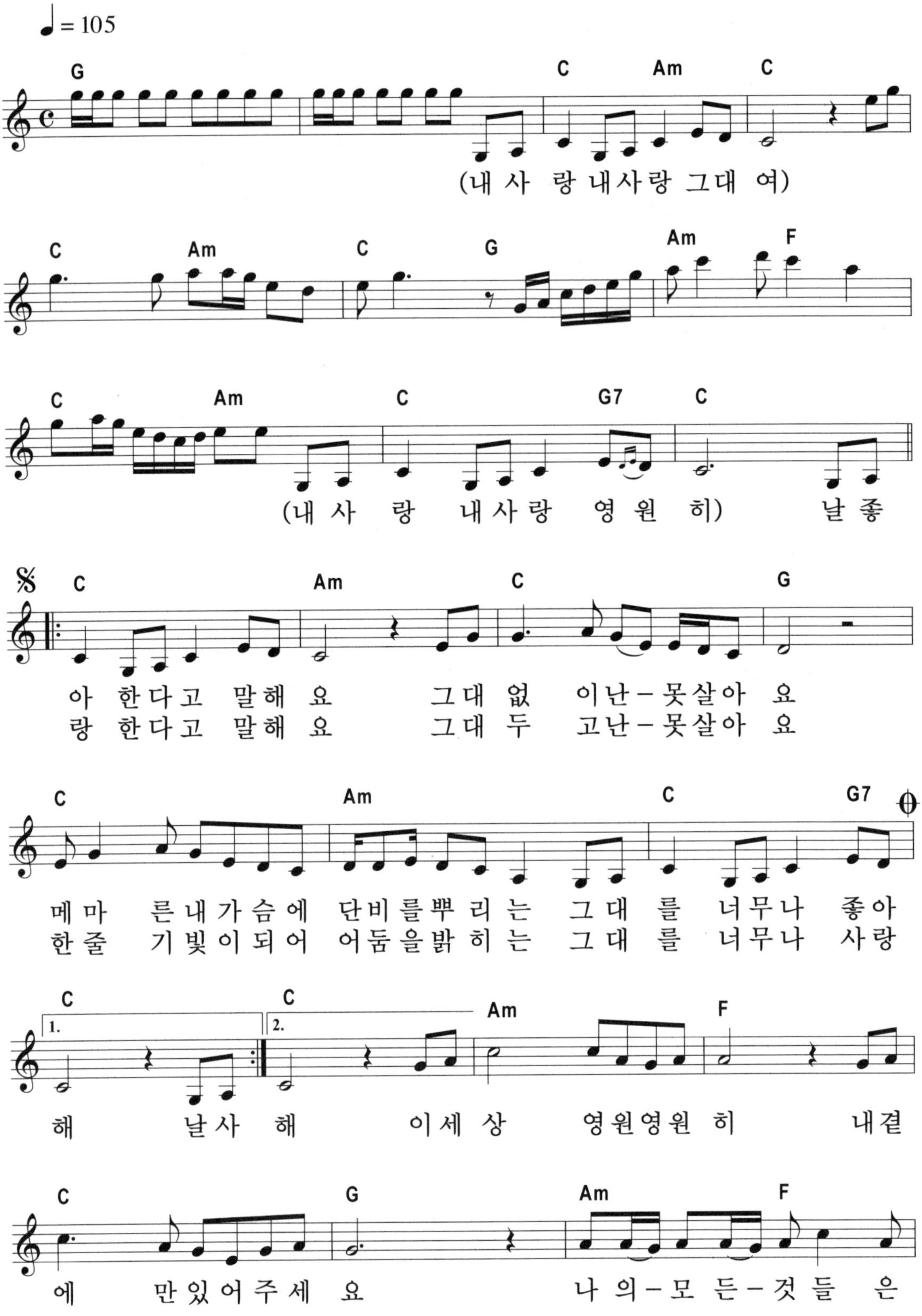
♩= 105
G C Am C
(내 사 랑 내사랑 그대 여)
C Am C G Am F
C Am C G7 C
(내 사 랑 내사랑 영 원 히) 날 좋
C Am C G
아 한다고 말해 요 그대 없 이난–못살아 요
랑 한다고 말해 요 그대 두 고난–못살아 요
C Am C G7
메 마 른내가슴에 단비를뿌리는 그대를 너무나 좋아
한 줄 기빛이되어 어둠을밝히는 그대를 너무나 사랑
C C Am F
1. 2.
해 날사 해 이세 상 영원영원 히 내곁
C G Am F
에 만있어주세 요 나 의–모 든–것 들 은

다 그대 거예요 뭐든 지 드리겠어 요 죽는-날 까지
같이-살아요 그대 를 좋아해 사랑 해 내사 랑 그대
-여 -
(내사 랑 내사랑 영원 히 날좋
해 이세 상 영원영원 히 그대 곁 에있을거예 요
그대의모든-것들은 다내-거예요 뭐든 지다-주세 요
죽는-날 까지 같이-살아요 그대 를 좋아해 사랑 해 내사
랑 그대 -여 - -

너는 내 남자

조동산 작사 | 김수환 작곡 | 한혜진 노래

내방식-대로 사랑한탓 으로 - 왠지너를
놓칠것같은 예감-때문에 - 돌아오는길이
난무척힘들었어 - 내가미 워도
한눈팔지마 너는내 남 자 그래도 언 제나
너는-내 남자 -
D.S.①
D.S.②

네박자

김동찬 작사 | 박현진 작곡 | 송대관 노래

네
쿵 짝 쿵 짝 쿵 짜자쿵 짝   네박-자 속 에
사랑 도있 고 이별 도있 고 눈 물 도있 네   한 구절한 고 비
꺾 어 넘을 때   우 리 네 -사연 을 담 는
울고웃는인 생 사   연극같은세 상 사   세상 사 모 두 가
소설같은세 상 사
네 박 자 쿵   짝   (쿵 짝 쿵 짝 쿵 짜자쿵 짝
네박-자 속 에   사랑 도있 고 이별 도있 고 눈 물 도있 네
짠 짠 짜라라라짠 짠 짠 짜리 짜 리-라 라짜 라 짠)

누나가 딱이야

배은정, 이재규 작사 | 홍정수, 이재규 작곡 | 영탁 노래

A   Dm   Gm   C
누 나 가 딱 이-야-내품에 딱 이-야-   오 늘부터우린
F   Gm   Dm   E7
자 기-야- 남 자 답-게- 책 임 질-게-   나 만믿고따라
A sus4   Dm   Gm   C
와   누나가 딱 이-야-내눈에 딱 이-야-   오 늘부터우린
F   Gm   Dm   A sus4
짝 이-야- 못 이 긴-척- 안 겨 줄-래- 내겐 딱   딱
A   Dm   1.   2. Dm
누나가딱 이야 － － － 누나가 딱 이-야-내품에
Gm   C   F   Gm
딱 이-야-   오 늘부터우린 자 기-야- 남 자 답-게- 책
Dm   E7   A sus4   Dm
임 질-게-   나 만믿고따라 와   누나가 딱 이-야-내눈에
Gm   C   F   Gm
딱 이-야-   오 늘부터우린 짝 이-야- 못 이 긴-척- 안
Dm   A sus4   A   Dm
겨 줄-래- 내겐 딱 딱   넌내가딱 이야 － －

누이

이수진 작사 | 설운도 작곡 | 설운도 노래

사 - 랑으로 내게 - 다가 - 와
예 쁜 미 소로 -
예 쁜 마음으로 -
예 쁜 눈빛으로 -
내 - 마음을 - 달 - 래주 던 누이 -
내 - 마음을 - 감 - 싸주 던 누이 -
나 의 가 슴에 - 그대향한마 음은 - 언
제 나 사 랑하 고있 어 요
영 원 히 사 랑하 고있 어 요
나 나 나 나 나 나 나나나 -

니가 왜 거기서 나와

구희상, 지광민, 박영탁 작사 · 작곡 | 영탁 노래

♩ = 129

(N.C.)
Am
(어디야? / 집이야. 피곤해서 일찍 자려구. / 아, 그래.

F
Dm
잠깐 볼랬더니. 오늘 피곤했나 보네. 얼른 자. / 어, 끊어.)

E
Am
근데 니가 니가왜거기서나 와 - - 니가왜거기서나

F
Dm
와 - 사랑을믿었었는 데 발등을찍혔 네 - - 그래

E
Am
너 그래너 야 너니가왜거기서나 와 - - -

Am
FM7
피곤하다하길래 잘자라했는데 혹시나아픈건가 걱정도했는데 -
노는남자싫다매 술은못한다매 그것땜에나는다 끊어버렸는데 -

Dm
E
- 뭐하는데 - 여기서뭐하는데 - - 도대체 - - -
- 지금너는왜 - 혀가꼬이는건데 - - 도대체 - - -

Am
FM7
너네집은연신내 난지금강남에 시끄런클럽을 무심코지나는데
근데지금니옆에 이남잔누군데 교회오빠하고 클럽은왜왔는데

이게누구십니까 - - - - 니가왜거기서나
너네집불교잖아 - - -
와 - - 니가왜거기서나 와 - 내눈을의심해보
고 보고또보아 도 딱봐도너야 - 오마이 너 야니가왜거기서나
와 - - 니가왜거기서나 와 - 사랑을믿었었는
데 발등을찍혔 네 - - 그래 너 그래너 야 너이런건사랑이아
냐 - - -
냐 - - - 그래
너 그래너 야 너니가왜거기서나 와 - - - 집에 가 -

내 사랑

강은경, 조영수 작사 | 조영수 작곡 | 홍진영 노래

♩ = 135

A7   D   F   B♭
애 간장 녹이 네   애 타게 바라보는 그 심정

F   B♭   Cm
속 타게 기 다 리 는 그 심정 –   사 랑을 할 거면

Gm   A7   D
사 랑을 할 거 면   화 끈 하 게   내 사 랑 그 대 에 게

Gm6   F   B♭   F
2.
–   애 타 게 바 라 보 는 그 심 정   속 타 게 기 다 리 는

B♭   Cm   Gm
그 심 정 –   사 랑을 할 거 면   사 랑을 할 거 면

A7   D   Gm   3
화 끈 하 게   내 사 랑 그 대 에 게   까 – 그 대 훌 쩍
D.S.

F   Dm   3   Gm   Cm   3
떠 나 면 –   눈 물 만 훌 쩍 일 텐 데 –   암 만 후 회 해

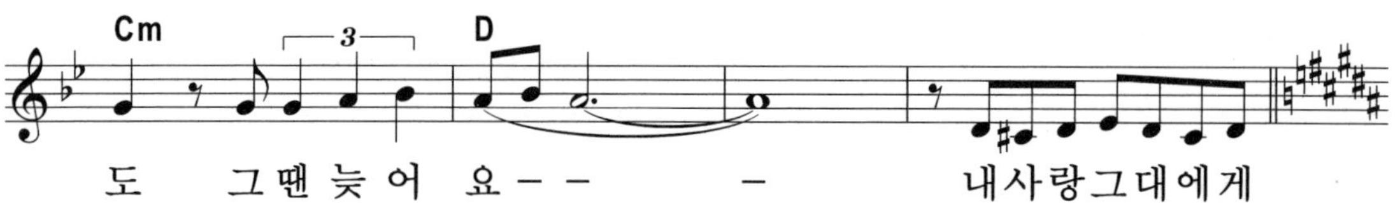
도　그땐늦어요---　-　내사랑그대에게

모든걸그대에게　줄까말까　고민하다

그사람영영떠나요--　이것저것　재지말고

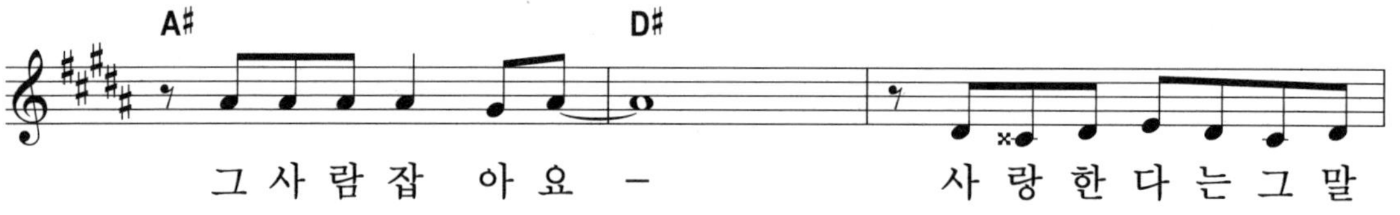
그사람잡아요-　사랑한다는그말

할까말까　망설이다　그사람영영떠나

요　이남자다싶을때는　눈치코치보지말고

아낌없이다줘요-　줄까말까---　-

님은 먼 곳에

유호 작사 | 신중현 작곡 | 거미 노래

님은 먼---곳 -에-- ------- 영원히먼 곳-에
망설이 다가 --------
님 은 먼---곳 -에--
마음주 고-- 음 -
눈물주고 - 오-- 음-- 꿈도주고

Am
Bsus4   B
---- -   오---   멀어져-갔 -네--
B7
Em
님은먼--- 곳에 워--- 영원히 영원히
D
CM7
먼곳에--- --- (님이아니 면) 님이아 니면- --
CM7
B
-(못산다할 것을) 못산다할 것을 - 사랑한 다고
Em
D
- -예--- 말할걸 그랬 지 -오--
D
CM7
Bsus4   B
망설이 다가 - 가버린 사
Em
D
CM7
-랑-- 망설이 다가 - -------
Bsus4   B7
Em D CM7 B7   Em9
님은먼-- -곳 -에 -

다시 만날 수 있을까

이적 작사 · 작곡 | 임영웅 노래

♩=65
D♭   A♭/C   B♭m   Fm/A♭   G♭   D♭/F   E♭m   A♭7sus4

D♭   B♭m7
너를위－해해－줄것－이하 －－나없－어서－ 보낼수밖

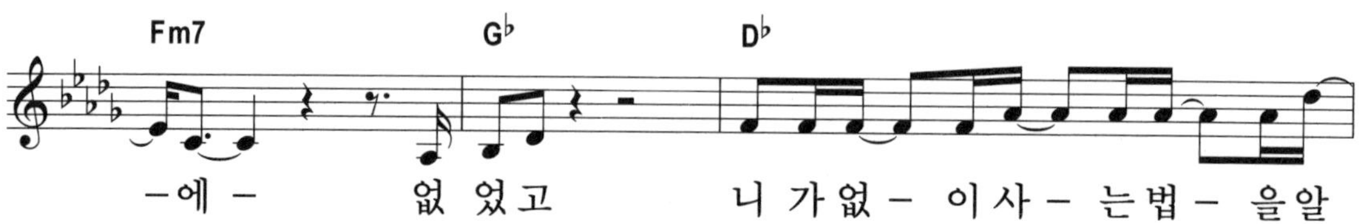
Fm7   G♭   D♭
－에－ 없 었고 니가없－이사－는법－을알

B♭m7   Fm7   G♭
－지못－해－서－ 순간순간 －을－ 울었 －다－ 후회

E♭m7   D♭/F   G♭   E♭m7   D♭/F
로가득－한한－ 숨자－락이 － 시린바람처－럼가－슴치－는날

G♭   A♭7sus4   D♭   A♭/C
－ 그언－젠가 － 우리만날수 있을까 다시만날수

B♭m7   Fm/A♭   G♭   D♭/F
있을까 그리좋던예전처럼－ 그때처럼되돌아

갈수있- 을 까 다시우리가 만나면 - 무 -엇을 해야만-할 까 서로를

품 에안- 고서- 하염없이 - -눈물 만 흘려-볼

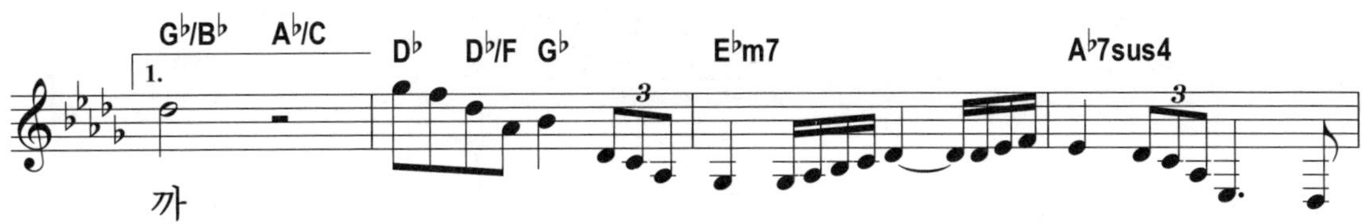
까

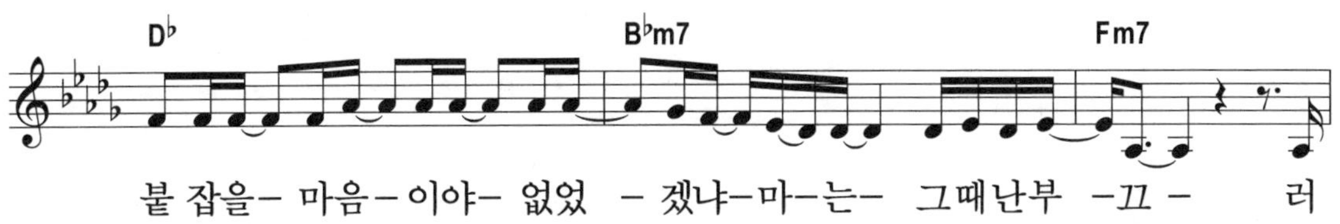
붙 잡을- 마음-이야- 없었 - 겠냐-마-는- 그때난부 -끄 - 러

웠다 - 떳 떳하- 게일- 어나- 널 다 시찾-아-갈- 뜨거운꿈

-만 - 꾸었 -다 - 둘이 함 께했- 던순- 간순-간이

- 시린 폭 포처-럼쏟- 아지- 는날 - 그언- 젠

가   우리만 날수 까 그리운 마-음이-

서럽게흘- -러넘쳐 -   너에게닿-을

-때- - 우리만 날수 있을까- 다시만 날수

있을까 -   그리좋던예전처럼 - 그때처럼되돌아

갈 수있 - 을까 - 다시우리가 만나면 - -무-엇을

해야만-할까- 서로를 품에안-고서- 하염없 이 -눈물

만 흘려-볼까

동반자

조성현 작사 | 태진아 작곡 | 태진아 노래

당돌한 여자

강은경 작사 | 임강현 작곡 | 서주경 노래

요   야 –이야이야이야이 날봐–요– 우 –리마음속이지는
말아–요– 날 기다– 렸다–고– 먼저 얘기하 면손해라도
보나–요– 야 –이야이야이야이 말해–요– 그 –대여자되달라고
말해–요– 난 이미– 오래–전– 그대 여 자이고싶었–어
요
D.S.

당신 때문에

김원 작사 · 작곡 | 배일호 노래

한 때는 -당신이미워 후회도했 지요
- 헤어질 까 망 설였- 지만 - -
당 신이없 으면 - 당 신이없 으면 -
단 하루도 살 수 -없어 요
당 신 때문 에 내가-울 지요 - 당 신 때문
에 내가-웃 지 요 이 세 상에 하나 뿐인
당 신 이 기 에 내모든 걸 다바 쳐 서
사랑-합 니 다 - 내모든 걸
다바 쳐 서 사랑합 니 다

당신만 있어 준다면

양희은, 김영국 작사 | 김영국 작곡 | 양희은 노래

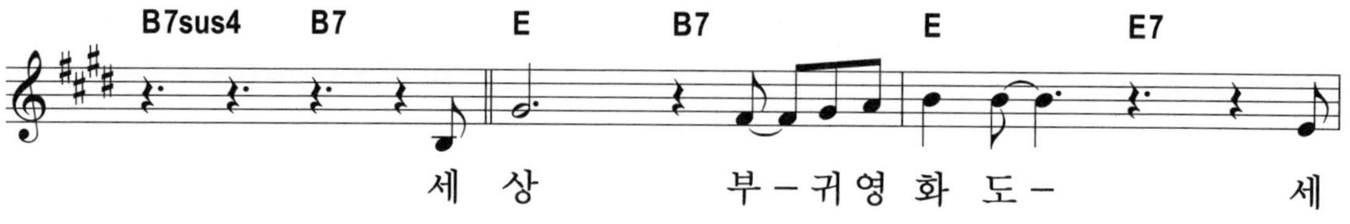

의세월 – 이젠 알 아 요 그추억 소 중 하 단걸 가
진 건–없어도 정말 행 복–했었죠 우리 아프지–말아요 먼저
가 지 – 말 아 요– – 이대 로 도–좋아요 아무
바 램–없어요 당신 – 만있 어–준 다면– – 당신 – 당–신 나의사
– 람– 당 – 신 – 만있 어–준다 면
아
면 당 신 – 당–신 나의사 – 람– 당–
신 – 만있 어–준다 면

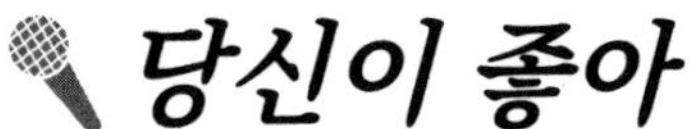

당신이 좋아

정은이 작사 | 남국인 작곡 | 남진, 장윤정 노래

아 꿀맛같은 그대-사랑에--
내인-생을 걸 었잖아---
비가와도좋 아 눈이와도좋 아 바람불어도 좋- 아 좋아좋아
당 신- 이 좋- 아-
좋아좋아 당 신- 이 좋-
아- - -
1.
2. B♭
D.S.

당신이 최고야

온누리 작사 | 박현진 작곡 | 이창용 노래

세상에서 가장 멋 있게 --- - 당
-신을위해서 -라면- 아 -낌없이줄 거야 ---
내모든걸- 다 --줄 거야 - - 기
-대해도좋 아 믿어 도좋 아 변함없을테 니 깐 당
- 신이 최고 당 신이-최고- 야
기 -대해도좋 아 믿어 도좋 아 변함없을테 니
까 당 - 신이 최고 당 신이-최고- 야
당 신이 최고 당 신이-최고- 야

대찬인생

이승호 작사 | 윤일상 작곡 | 박현빈 노래

♩ = 138

소 주 한 잔 걸 치 고 - - 이렇게소리 - 쳐 - 봐 - -
그 렇 다 고 내 인생 - - 파김치된 건 - 아 - 냐 - -
한번죽지두번죽나 덤 빌테 면 모 두덤 - 벼 봐 - 깡 으 로
치 자 면 - 둘 - 째 가 라 면 섭 - 섭 해 - - -
한번뽑은칼이라면 찔 러야 지 호 박이 - 라 도 - 까 지 것
어 떠 - 냐 목 숨 한 번 걸 - 어봐 - -
살 다 보 면 실 수로 호박 같 은 인 생 되 어도 절대 포 기 해 선 안 되지 악
- 착 같 이 살아내야지 내가 살 아 가 는 인생은 삼 세 판 이 아니라는걸 그래
하나뿐인내인생을 대 차게살아보는거야 까 지 것 어 떠 - 냐
목 숨 한 번 걸 - 어봐 - -

둥지

김동찬 작사 | 차태일 작곡 | 남진 노래

너 빈 자리 – 채워주고싶어 – 내 인 생을
– 전부주고싶어 – 이 젠 너를 –
내곁에다앉히 고 언 제까 지나 – 사랑 할 까
봐 우리더이– 상 방황하지마 – 한눈팔지마
– 여기둥지를틀 어

지난날의아 픔은 잊어버려- 스쳐 지나가는바람처럼 - 이
-제너는혼 자가 아니잖아- 사랑하는나있잖아 -
너는그냥 가 만히있어- - 다 내가해줄 게 -
현실일까꿈일까 사실일까아닐까- 헷갈리고-서있지 마 우
사 랑이뭔지- - 그 동안몰랐 지 - 내 품에
둥지를-틀어 봐
내 품 에- 둥 지를-틀어
봐

땡벌

나훈아 작사 · 작곡 | 강진 노래

♩ = 150

오늘은들 국화 – 또 내 일은장 미꽃
바람이맴 돌다 – 또 맴 돌다어 딘가
치근 치근 치근 대–다가 잠이들겠 지
기웃 기웃 기웃 대–다가 잠이들겠 지
난 이제지쳤어요 땡벌땡벌 기다리다지쳤어요 땡벌땡벌
혼자서는이밤이 너무너무추 워요 – – –
당 신은못말리는 땡벌땡벌 당 신은날울리는 땡벌땡벌
혼자서는이밤이 너무너무길 어요 – –
당 신을사랑해요 땡벌땡벌 당 신을좋아해요 땡벌땡벌
밉 지만당 신을 너무너무사 랑해 – –

막걸리 한 잔

류선우 작사 · 작곡 | 영탁 노래

막 걸 리- 한
--잔 -
온 동 네 소 문 났 던 천 덕 꾸 러 기- 막 내 아 들 장 가 가 던 날
- 앓 던 이 가 빠 졌 다 며 덩 실 더 덩 실-
춤 을 추 던 우 리 -아 버- - 지 아 버 지 우 리 -아 들
많 이 컸 지 요- 인 물 은 그 래 도 내 가 낫 지 요 -
고 사 리 손 으 로 따 라 -주 는 막 걸 리 한 잔 아 버 지 생 각 나 네
- - - - - 황 소 처 럼 일 만 하 셔 도 -

살림살이 마냥 그 - 자 - 리 우리 엄 - 마 고생 시키는
- 아 버지 - 원 망 했 - 어 - 요 -
아 빠 처럼 살 긴 싫 다며 - 가슴에 - 대못 - 을 박 -
- 던 못 난 아 들을 - 달 래 주 시며 -
따라 주던 막 걸 리 - 한 - 잔 따라 주던 막 걸 리 - 한
- 잔 -
황 소 따라 주던 막 걸 리 - - -
막 걸 리 - 한 - 잔 - - -

만남

박신 작사 | 최대석 작곡 | 노사연 노래

아 보지 - 말 아 - 후 회 - 하지 - 말
아 - 아 - 바보같은 - 눈물 보
이 지 - 말 아 - 사 - 랑 해 - 사 - 랑
해 - 너를 너 를 사 랑 해 -
돌 해 - 사 랑
해 - 사 - 랑 해 - 너를 너 를 사 랑
해 -
rit.

만약에

김진롱 작사 · 작곡 | 조항조 노래

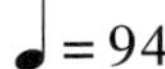

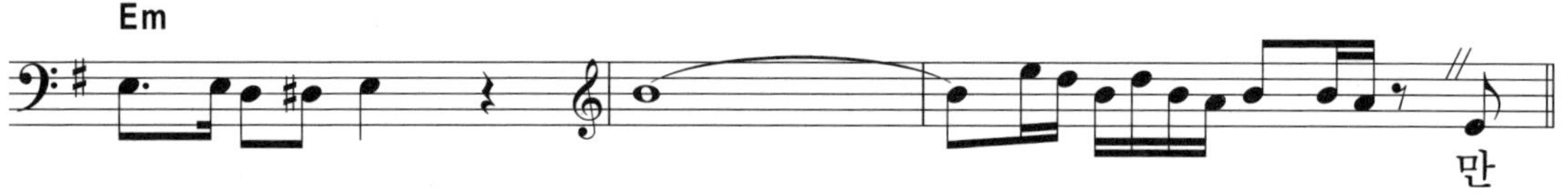

만

약 에당－신이 그누구와 사랑에빠 지 면 그

사 람을 위 해서 무얼할수 있 나 텅
다 해줄수 있

빈 세 상 살아 가는이유가－ 만약 에너라면어떡하겠니 － 사

는 동 안 단한 번의사랑이－ 만약 에너라면 허락하겠니 － 얼

마 나더많이 외로워해야 널 끌어안고서 울어볼 까 이

제 는더이상 지칠몸조차 비 워둘마음조-차없는 데 또

다 른이유로널 못 본다면 나 살아가는의-미도없 지 만

약 에널위해나 죽을수있다면 날 받 아 주겠 니 -

텅

- 만 약 에널위 해나 죽을수있다면 날

받 아 주겠 니 - 만 나

무명배우

윤명선 작사 · 작곡 | 송가인 노래

별 처럼- 빛날 - 까-요- 아름다 웠던- 추억 - 기억
모 두다- 영원히 - 한방 울- 또한- - 방울 - 눈물- 이
흘 러내- -리죠 - 나 슬퍼서- 아냐 - 행복- 해
서 울죠 - 안 아- 줘 요 나를 - 나를많이사랑
하- - -나요 - 당신- 의 품 안에- 선 나 는 주연- 배 우
(아- - - 아- - - 아- -
- 아- 아 -) - 당 신- 의
품 안에- 선 나 는 주연- 배 우

 무연

김정수 작사 · 작곡 | 김정수 노래

이 별 앞 에 서 - 흘 리 는 눈 물 - 보 이 기 는
싫 - 었 어 - - 한 참 동 안 은 -
생 각 나 겠 지 - 잊 을 수 는 있 - 을
까 - 이 렇 게 아 픈 가 - 슴 안 고 살
아 야 한 다 면 - 그 대 사 - 랑 하 지 - 않 을 걸
- -
D.S.
- 이 렇 게 아 픈 가 - 슴 안 고 살
아 야 한 다 면 - 그 대 사 - 랑 하 지 - 않 을 걸
- -

무조건

한솔 작사 | 박현진 작곡 | 박상철 노래

♩ = 140

짜짜라짜라짜라 짠짠짠 당 - 신을향하는나 -의사랑은 무
- 조건무조건이 -야 - 당 - 신을향하 는나 -의사 랑은 특
- 급 사랑이야 - - 태 -평양을건너 대
-서양을건너 인 -도양을건너서라 -도 - 당 - 신이부르면
달려갈거 -야 - 무조건 달려갈 거야 - - -
거야 - - - - 무조건 무조건이
야 - - 짜 짜 라 짜 라 짜 라 짠 짠 짠

뭐야 뭐야

이가원 작사 | 이호섭 작곡 | 방실이 노래

가슴 - 이 아 파   다 - 시 한 번 - 만
같은 - - 여 자
기 회 를 - 주 세 - 요   최 - 선 을 -   다 할 게 요
뭐 야 뭐 야 뭐 야 뭐 야 뭐 야   당 신 이 뭐 길 래 -
날 애 원 하 게 - 만 들 어
뭐 야 뭐 야 뭐 야 뭐 야 뭐 야   살 빠 질 것 같 아 -
제 - 발 날 내 - 버 려 두 지 마
뭐 야 뭐 야 뭐 야 뭐 야 뭐 야   뭐 야 뭐 야 당 신 이 뭐 야
제 - 발 날 내 - 버 려 두 지 마
제 - 발 날 내 - 버 려 두 지 마

115

미운 사내

나훈아 작사 | 정경천 작곡 | 유지나 노래

사 랑 한 다 말 은 왜 - 했 - - 나 -
활 짝 핀 꽃 처 럼 - 웃 던 얼 - 굴 이 -
웬 - 일 인 지 요 즈 음 우 울 해 - 졌 네
순 진 한 내 가 슴 - 에 돌 을 던 진 - 사 내 - 야
미 운 사 - 내 미 운 사 - 내 얄
미 - - - 운 - 사 내 - 야 - - -
미 운 사 - 내 미 운 사 - 내 얄
미 - - - 운 - 사 내 - 야 - - -

미운 사랑

진미령, 송광호 작사 | 송광호 작곡 | 진미령 노래

♩ = 70

이 별 로-끝 난 다--해- 도   그 끈을 놓 을 순없
어 - - -   너 와 난-운-명 인-거- - 야 -
(그 리-워 미 운 사 람   보 고 파 미 운 사-
람)
- 야 -
그 끈을 놓 을 순없   어 - - -   너 와 나-운-명 인-거-
- 야 -

바램

김종환 작사 · 작곡 | 노사연 노래

♩ = 76

것도아니고- 아주 작은한마디- 지친 나를 안아주-면 서
사 랑-한 다 -정- 말 사랑한-다는-그- 말을- 해준다
면 나 는 사막을 걷는다 해도 꽃 길 이라- 생각할겹 니
다 우 린 늙어가 는 것 이아 니라 조금 씩 익어가는겹 니
다
내가 다 우 린 늙어가 는 것 이아 니라 조금
씩 익어가는겹 니 다 저 높 은 곳에- 함
께 가-야할 사 -람 그대- 뿐 입-니 다

반

지명길 작사 | 정경천 작곡 | 신유 노래

♩ = 129

사　랑은 아름다－워　서
사　랑은 오래 갈－－수 록

두려움 이－반 －이－－－지
기다림 이－반 －이－－－지

언 제 누가면－저 － － 돌 아설지몰 라 확 실
너 무 믿지말－아 － － 속 을지도몰 라 확실－

한 건－반 이－란 －다－
한 건－반 이－란 －다－

목 숨을걸었다해 도 믿을수가 없 는 그 말
평 생을같이살아 도 저사람의 속 을 아나－

가 슴을연 다고 다 보 - 이려나 -
맹 세를한 다고 다 지 - 키 려나 -
사 랑 이가는데로 - 순 하게가는 - 거 지
운 명이가는데로 - 따 라서가는 - 거 지
사 람이 - 사는 - 이 치가그런거 지 사 랑 -
서 로가반 씩 책 임을지는 - 거지 - 사 랑 -
(1. 2.)은 넘 쳐도 - 모 자 -
(D.S.) - 은 - 넘 쳐도 - 모 자 -
라 - - 도 - 안 되겠 - - 지 -
사 랑
- 지 -

심수봉, Leons Briedis 작사 | Raimonds Pauls 작곡 | 심수봉 노래

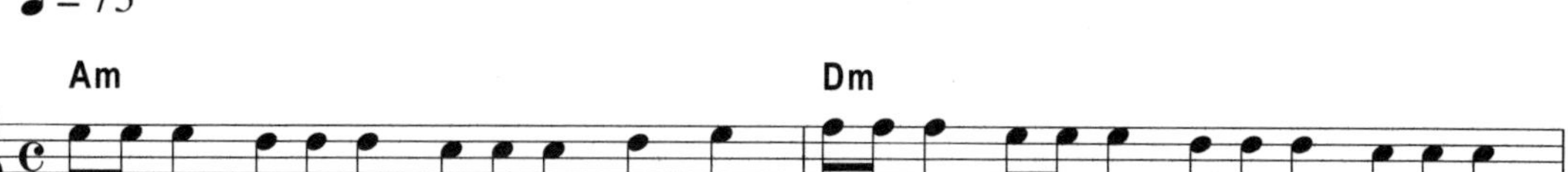

Am   Dm
미워하는미워하는미워하는마음없 이   아낌없이아낌없이사랑을주기만할

Am   E7
때   수 백만송이백만송이백만송이꽃 은 피고 ―   그

E7   Am   Am
                                1.   2.
립고아름다운내별나라로갈 ― 수있 다 네   네   이

B♭m   F
젠모두가떠날지라 도   그 러나사랑은계속 될거 야
그 ― 대와나함께라 면   더 욱더많은 꽃을 피우고

F   B♭m
저별에서나를 찾아온   그 토록기 ― 다리던이인 데
하 ― 나가된   우리 는   영 원한저별로돌아가 리 라

B♭m   E♭m   B♭m
미워하는미워하는미워하는마음없 이   아낌없이아낌없이사랑을주기만할 때   수

B♭m   F7   B♭m
                                                      F.O.
백만송이백만송이백만송이꽃은 피고― 그 립고아름다운내별나라로갈―수있 다 네

백세인생

김종완 작사 · 작곡 | 이애란 노래

할 일이 - - 아 직남 아 - 못 간다고 전해 - 라

팔 십세에 - 저세 - 상에 - 서 - 날 데 리 러오거든 - - -
구 십세에 - 저세 - 상에 - 서 - 또 데 리 러오거든 - - -

아 직은 - - 쓸 만해 - 서 못 간다고 전해 - 라
알 아서 - - 갈 - 텐 - 데 또 왔냐고 전해 - 라

구 십세에 - 저세 - 상에 - 서 - 날 데 리 러오거든 - - -
백 - 세에 - 저세 - 상에 - 서 - 또 데 리 러오거든 - - -

알아 - 서 - - 갈 테 - 니 재 촉말라 전해 - 라
극락왕생 - - 할 날 - 을 찾 고있다 전해 - 라

백 - 세에 - 저세 - 상에 - 서 - 날 데 리 러오거든 - - -
백 오십에 - 저세 - 상에 - 서 - 또 데 리 러오거든 - - -

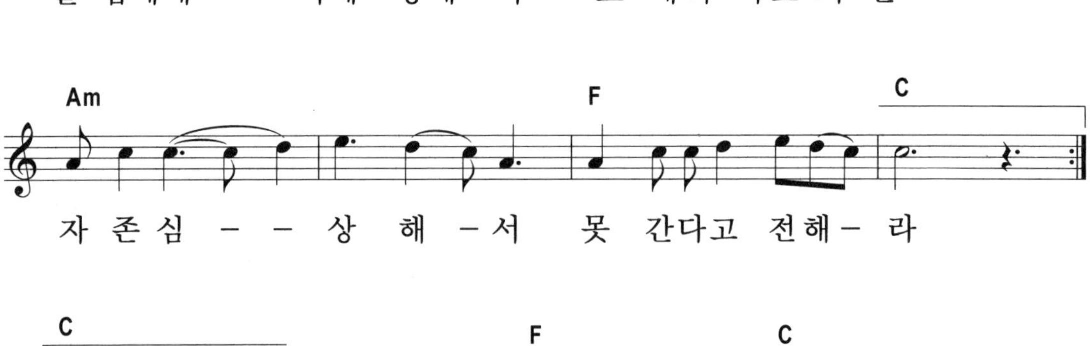

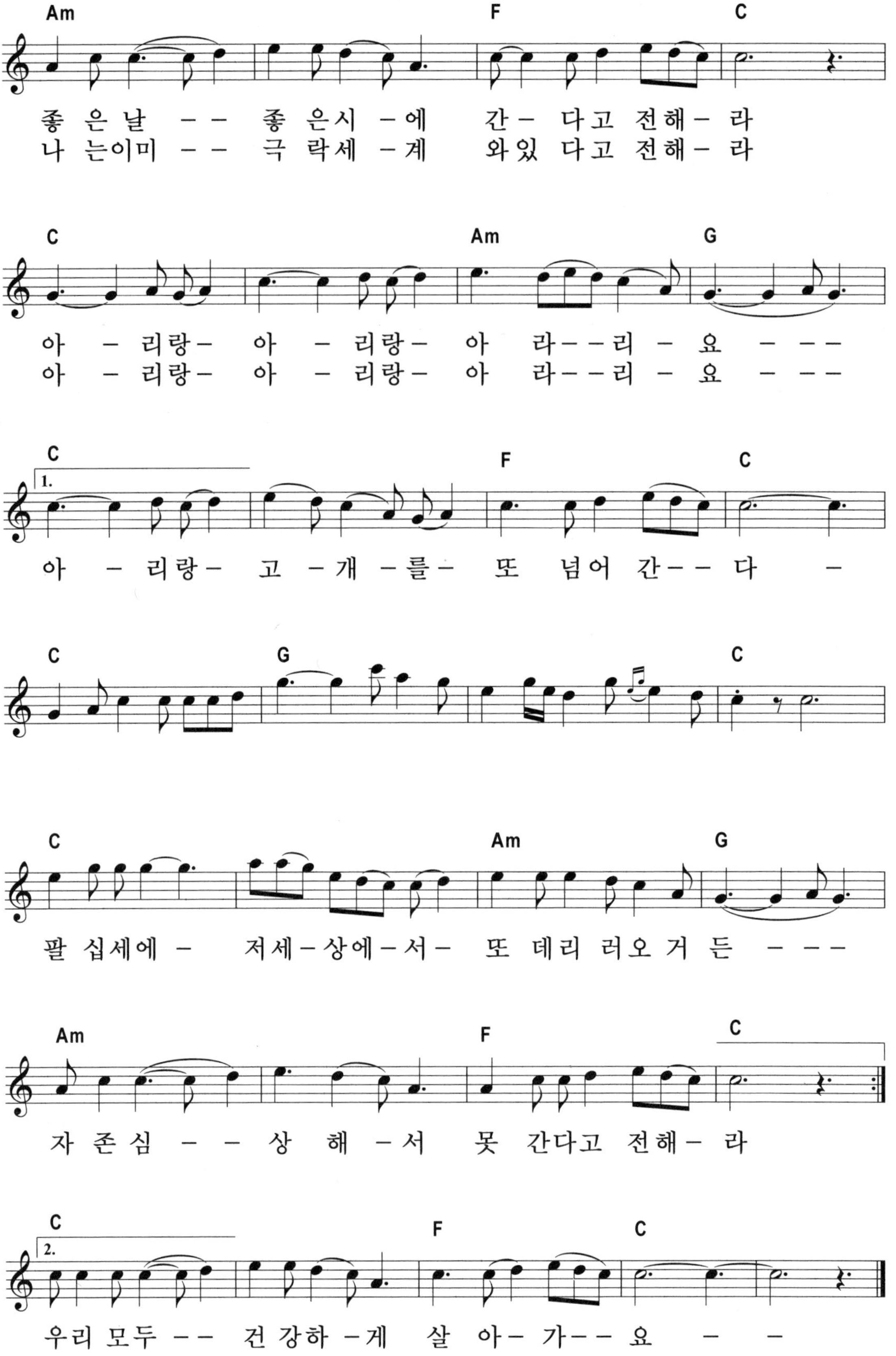
Am F C
좋 은 날 — — 좋 은 시 — 에 간 — 다 고 전 해 — 라
나 는이미 — — 극 락 세 — 계 와 있 다 고 전 해 — 라
C Am G
아 — 리 랑 — 아 — 리 랑 — 아 라 — — 리 — 요 — — —
아 — 리 랑 — 아 — 리 랑 — 아 라 — — 리 — 요 — — —
C F C
1.
아 — 리 랑 — 고 — 개 — 를 — 또 넘 어 간 — — 다 —
C G C
C Am G
팔 십 세 에 — 저 세 — 상 에 — 서 — 또 데 리 러 오 거 든 — — —
Am F C
자 존 심 — — 상 해 — 서 못 간 다 고 전 해 — 라
C F C
2.
우 리 모 두 — — 건 강 하 — 게 살 아 — 가 — — 요 — —

김종환 작사 · 작곡 | 김종환 노래
♩=72
(String)
내가선택한 사랑의끈에 나의 청춘을묶었
내-가슴에 못질을하는 현 실 의무게속에
다 당신 께드려야할 손에 꼭쥔사랑을 이 제 서야 보낸 다
도 우리 가--잡은 사랑 의향기속에 눈
물도 이젠끝났 다 세 상이힘들때 너를 만-나 잘 해 주지도 못하
십년쯤지나 내사 랑-이 많 이 약해져 있을
고 사 는게바빠서 단한 번도- 고 맙 다는 말도못했 다 백
때 영 혼을태워서 당신 앞에- 나 의 -사랑을심겠 다
(1.2.)년도우-린 살지못하고 언젠간헤어지지 만 세 상이끝나-도
(D.S.)세 -상-에 너를만나서 짧은세상을살지 만 평 생 - -동-안
후회없도록 널위해 -살고싶 다
한번이라도
삼 널위해-살고싶 다 이
널 위해 -살고싶 다 널 위해 -살고싶 다

별빛 같은 나의 사랑아

설운도 작사 · 작곡 | 임영웅 노래

별 – 빛같은 – 나의사 – 랑아 당신 은 – 나
의 – 영 – 원 한사 랑 사랑해 요 – 사랑해
요 – – – – 날 – 믿 – 고따 – 라 – 준사 람 고
마 – 워요 행복합 니 – 다 – 왜 – 이 – 리눈 물 – 이나
요
요 왜 –
이 – 리눈 물 – 이 – 나 요 –

보라빛 엽서

김연일 작사 | 설운도 작곡 | 설운도 노래

G
엔   눈 – 물로 써–내려 간
C
G
얼 – 룩진일 – 기 장엔– –   다시 못 – 올 – 그대–모
D
G
C   기 다 –리 는 – 사 연
D   G/D   D7
1.
G
G
B
C
D
C
G
D
G
G
연   다시 못 – 올 – 그대–모 습   기
2.
C
D   G/D   D7   G
다 –리 는 – 사 연
C
G
C
G
D
G

보릿고개

진성 작사 | 김도일 작곡 | 진성 노래

초 근 목 -피에 그 -시 -절 - 바람-결에
지워 -져갈 -때- - 어 머 님 -설움
잇 고 - 살았던 - 한 많은- 보릿 고 개여
- - 풀-피리 꺾 어불던 슬픈-곡 조
는- - 어머님의 한 숨 이었 소 - -
나나나나 나 나 풀-피리
꺾 어불던 슬픈-곡 조 는- - 어머님의 통 곡 -이었소
- - 나나나나 나 나 -

보약같은 친구

진시몬 작사 · 작곡 | 진시몬 노래

자네와 난 - 보약같은친 - 구 - 야 - -
아 - - 아 - 아 사는 - 날 까 - 지
같 이 가 세 - 보약같은 - 친 구 - 야 -
사 - 랑도해 - 봤고 - 이 별 도 - 해봤 지
사 는 거 - 별 거없 더 - 라 (보 약같은친구)
언제갈지모르는인 - 생 우 리둘 이 - 서
웃 - 으며 살 아 - 가 보 - 자
D.S. al Coda
같 이 가 세 - 보약 같은 - 친 구 - 야 -
(보 약같은친구 친 구)

부초같은 인생

상준, 소산 작사 | 공정식 작곡 | 김용임 노래

요 -
몇백-년을 살 다-가 리-
-요- - 세상 은가만있는 데 우리 만변하는구
려 아-- --- - 아-- --- -
부초-같은 우리-네인 생-- - 아--- - --
우 리네인- -생- -
나나 나 나나나나 나
-생- 아-아- 아 -아-- 우 리네인-
-생- -

붓

류선우 작사 · 작곡 | 양지은 노래

한 줄- 적어-나가- 세 여보게 - 친구여 - 붓을-
하 나줄-수-있겠- 나 붓을- 하 나- 줄수- - 있-
-겠나-- 아 - -
칠십-년세월- 그-까짓게 무슨-대수요- 함-께
산 건-오천-년-인- 데 잊어버리 자 다용 서 하-자-- 우린
함 께- 살아-야한 다 한 라 산 구-름을- 화- 폭
삼-아-- 한점- 한 점- 찍어-나가- 세 이보게 - 친구여
- 붓을- 하 나줄-수-있겠- 나 여보게 나 붓을-
하 나-줄수- - 있- 겠 나 -

빙빙빙

박정란 작사 | 공정식 작곡 | 김용임 노래

♩ = 142

Cm   Gm   D   Gm
나는나는나는나는   잊을 — — 수없   — 어 —
나를나를나를나를   잊어 — — 버렸   — 나 —

D   Gm
스쳐 — 지나   간   지난 — 일 들 — 을 —
함께 — 웃었   고   함께 — 울 었 — 던 —

Cm   Gm   D
차창 — 가에   날려 — 버 리   고   —
그세 — 월이   너무 — 정 다   워   —

Gm   Cm   D
먼 길을돌아   먼 길을돌아   돌 아 — 올 거 야

Gm   D   Gm
빙 빙 빙 돌아   올 — 거 — 야   —

Gm   Cm   D
먼 길을돌아   먼 길을돌아   돌 아 — 올 거 야

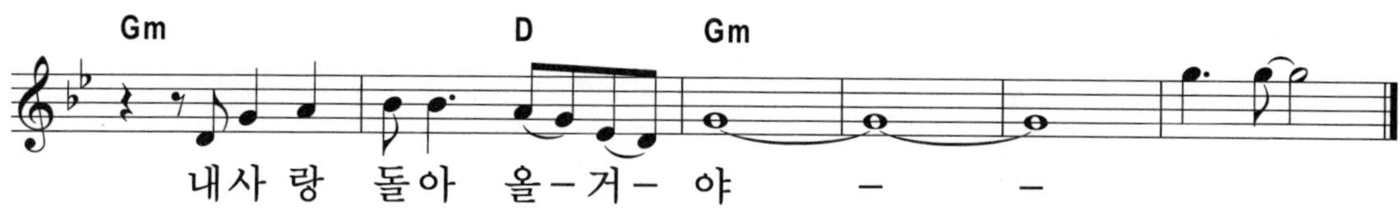

Gm   D   Gm
내사랑 돌아 올 — 거 — 야   —   —

빠라빠빠

정의송 작사 · 작곡 | 박현빈 노래

달린다달려간다　턱까지숨이차도　힘차게달려가야　한다
저어라노를저어　턱까지숨이차도　힘차게저어가야　한다

청춘의이름으로　미지의꿈을향해　끝까지완주해야　한다
청춘의이름으로　미지의꿈을향해　끝까지저어가야　한다

아무리커 다란　힘겨운시련들이　버티고서 있다 해도　우리

는 할 수 있 어　이 룰 거 야　ー

빠 라빠 - 빠라빠빠 - 청 춘의 - 나팔을 울 려라 -
빠 라빠 - 빠라빠빠 - 높 푸른 - 하늘에 퍼 져라 - 티 저
없이 영롱한 그라스에 - 희 망의 술을부 어
넓은 세상의 바다위에 - 희 망의 배를띄 워
모 두함께 술잔을 들 - 어라 - 우 리들의 - 청춘을
모 두함께 힘차게 노를저라 - 미 - 지의 - 세계를
위 해 다같 이 - 소리높 여 건 배 건 배 -
향 해 다같 이 - 소리높 여 어 기 여차 -
D.S. al Coda
- 다같 이 - 소리높
여 건 배 건 배 - -

빠이빠이야

정의송 작사 · 작곡 | 소명 노래

♩ = 130

이 세상 에 – 어디 – 여자가   너 뿐이 더냐 –
이 세상 에 – 어디 – 남자가   너 뿐이 더냐 –

너 보다 착한 여자   너 보다 고운 여자   만 나 살면 되는
너 보다 잘난 남자   너 보다 멋진 남자   만 나 살면 되는

D.S. No Rep.
–걸– 그 –래 가거라   행복 해라 빠이 빠 이빠이빠이 야
–걸– 그 –래 가거라   잘살 아라 빠이 빠 이빠이빠이 야

야   이 세상 에 – 어디 – 남자가   너 뿐이 더냐 –

너 보다 잘난 남자   너 보다 멋진 남자   만 나 살면 되는

–걸– 그 –래 가거라   잘살 아라 빠이 빠 이빠이빠이 야 빠이

빠 이 빠이 빠이 야   하!

뿐이고

한아름, 한솔 작사 | 박현진 작곡 | 박구윤 노래

A   D
힘 든 날은 두 – 어 깨를 기 대 고 가고 –

Bm   A   3   D   F#   Em
좋 은 날은 마주보고 가고 –   –   비 – 바 람 불면

Em   Bm   Em   C#m7-5
– 당 신 두 손을 –   내가 내가 붙 잡 고 가고

F#   Bm   A   Bm
–   –   돈 없 어도 –   당 신 뿐 이고 –   돈

G   A   D   F#
– 많 아 도 당 신 뿐 이고 –   (당 – 신뿐이고 고)

Bm   D
이 넓 은 세 상 –   어 – 느 곳 에 있 어도 –

G   A   Bm
내 사 랑 은 당 신 뿐 – 이 다 –   –   뿐 이고 –

D   F#   Bm
뿐 이고 –   뿐 이고 –   –   – 당 신 뿐 이 다

사나이 눈물

김병걸 작사 | 이동훈 작곡 | 조항조 노래

♩ = 68

D   Bm   Em   A   G   D
까 만 숯 덩 이   가 슴 안 고   삼 켜 버 린   사 나 이 눈

A   D   F#m   A
물
이 - 별 할 새   벽 -   너 무 두 려 워
아 - 침 이 오   면 -   너 무 초 라 해

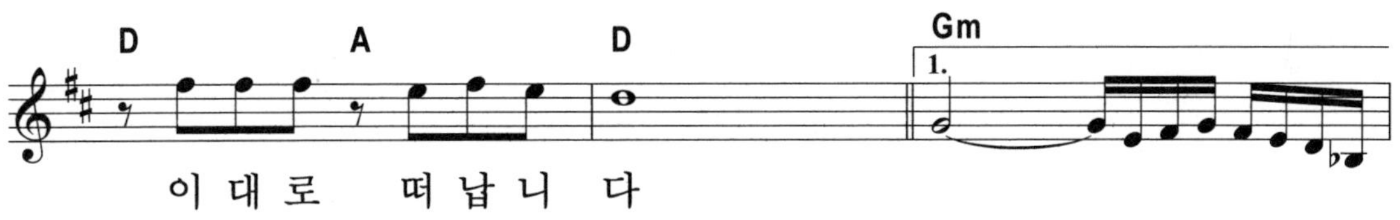

D   A   D   Gm
1.
이 대 로   떠 납 니 다

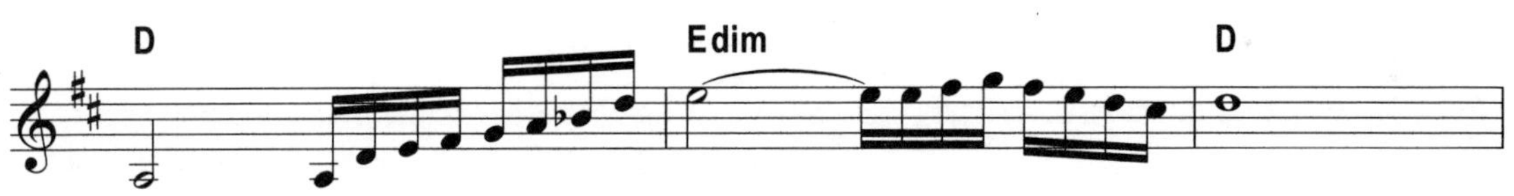

D   Edim   D

Em   F#m   3   G   A   Em   A
3

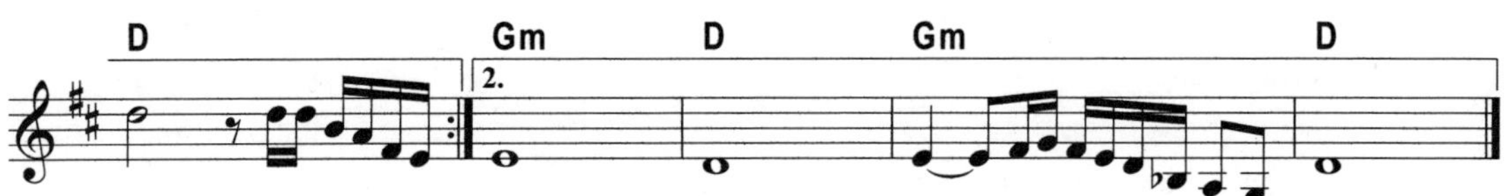

D   Gm   D   Gm   D
2.

사랑 반 눈물 반

소산 작사 | 공정식 작곡 | 진해성 노래

을 ─ 뼛 속 깊 이 사 무 치 는 그 리 움 안 고 애 원
한 ─ ─ ─ 들 ─ ─ 못 오 는 ─ 사 람 아
밤 하 늘 의 저 별 들 은 내 마 음 알 까 지 지 배 배 저 새 들 도 내 마 음 알 ─ 까
사 랑 반 ─ 눈 ─ ─ 물 ─ ─ ─ 반 ─ ─
사 랑 도 반 쪽 눈 물 도 반 쪽
아 ─ ─ ─ ─
밤 하 늘 의 저 별 들 은 내 마 음 알 까 지 지 배 배 저 새 들 도 내 마 음 알 ─ 까
사 랑 반 ─ 눈 ─ ─ 물 ─ ─ ─ 반 ─ ─
─ 반 ─ ─

사랑 참

신유진 작사 | 임강현 작곡 | 장윤정 노래

참을만-해-요 괜찮--아-요 힘들면좀어 때-
요-- 사 랑을- 잃은- 아 픔보다-
참는게더쉬 -워 요-- 들 리--나 요 사 랑아
--- 내- 슬 픈- 사랑아 - 보 이--나 요 사 랑아
--- 내- 아 픈- 사랑아 --- - -
사 랑참 힘드 네- 요
D.S. al Coda

사랑 찾아 인생 찾아

엄기엽, 진형욱 작사 | 엄기엽 작곡 | 조항조 노래

C G D Em
인 생 살다보 면 힘든날 도 수없이 찾 아오지만 사랑
인 생 살다보 면 힘든날 도 수없이 찾 아오지만 오늘

C G D Bsus4 B
하 나 그 사랑하 나 찾으려고 몸 부림치 네 사랑
보 다 더멋진인 생 찾기위 해 몸 부림치 네

Em G D Em
찾 아 인생을찾 아 하루종 일 숨이차게 뛰 어다닌다 서울

C G D Em 1.
하 늘 하늘아래 서 내꿈도 가 까이온 다

Em G D Em Em 2.
사랑을 다 사랑

C G D Em
찾 아 인생을찾 아 지친가 슴 끌어안고 뛰 어다닌다 서울

C G D Em
하 늘 하늘아래 서 내꿈도 가 까이온 다

Em G D Em

사랑도 모르면서

김병걸 작사 | 이충재 작곡 | 류기진 노래

작 별의인사없이 떠 - 나가버렸 - - - 나
사 랑 은 통 속 한 잡 지 에
밑줄 - 치는 낙서가아 니야 - -
사랑도모르면서 사랑도모르면서 모 - 르 - 면 서
내이 - 름은 왜 또불렀 소
소
소
D.S. al Coda

사랑밖엔 난 몰라

심수봉 작사 · 작곡 | 심수봉 노래

Dm Gm A7
Dm Gm A7 Dm
Dm Gm A7
무 심히 버려진 날위해 울어주던단한사람 -
Dm Gm A7 Dm
커다란- 어깨위- 에 기대고- 싶은꿈을 당신은- 깨지말아요 -
Gm Dm A7 B♭ A7
이날을-- 언제나 기다려왔어요 서러운세월만큼 안아주세요 그리
Dm Gm C7 F A7
운 - 바람처럼 사 - 라질까봐
Dm B♭ Gm A7 Dm A7
사랑하다헤어지면 다-시- 보고싶고 당신이너무좋아
Dm Gm A7 Dm

사랑아

임강현, 최승진 작사 | 임강현 작곡 | 장윤정 노래

♩ = 140

그 땐뒤-돌 아 -서 후-회를할 -거야 -   희미한
- 기 - 억 속에 너 -의이름불-러도 -   다신
볼 수 없던 사 - 랑한 사람 -   오 -
사 랑아-   나를 두-고떠나 가지 마 -   나만 두-고가려
거든 다-신   나 를 찾 지마 -   오 - - -
언 젠가-   그대 나-를찾는 다해 도 -   그땐 내-가먼저
뒤돌 아-서-   그 대 볼-수없 -으리 -

사랑아 가자

한아름 작사 | 박현진 작곡 | 한혜진 노래
♩ = 150
우 － － － 사 랑 아 －
우 － － － 사 랑 아 －
가 자 사 랑 아　　　이 넓은 세상　　　저 하늘 아래 하
－ 나뿐인 그 대 여 －　　　내 사랑 그대 그 － 대 그대 그대
그 대가 원한다면 －　　　땅 끝 이라도 －　　　하 늘 끝 이라도
－ 나 는 나 는 나 는　　　날 아 갈 거야 －
　 나 는 나 는 나 는　　　따 라 갈 거야 －

남 쪽 도 좋아 -   서 쪽 도 좋아 -   동 서 남 북
오 늘 도 좋아 -   내 일 도 좋아 -   지 금 바로
어 디 라 도좋아 -   당 신 이 원 하면 -
떠 나 도 - 좋아 -
당 신 이 원 하면 -   나 는 나 는 따 라 갈 거야 -
(사랑해)   사 랑아가자 내 - 사랑아가자   너 가고싶은대로
-    사 랑아가자 내 - 사랑아가자   발 길 가는대로
-    당 신 이가는 곳 -   그 어 디 라도 -
나는나는나는 따 라 갈 거야 -   물어보지 않고
따 라 갈 거야 -   사 랑아사랑아 가 자

사랑아 내 사랑아

정재훈 작사 | 정주희 작곡 | 염수연 노래

♩ = 126

목 련 – 꽃 도   언 젠 – 가 는   시 – 들 겠 네
싸 리 – 꽃 도   언 젠 – 가 는   시 – 들 겠 네
향 – 기 도   지 워 – – 지 겠 – – 네 –   사 랑
향 – 기 도   날 아 – – 가 겠 – – 네 –   사 랑
아   –   내 사 랑 – 아 –   –
아   –   내 사 랑 – 아 –   –
세 – 월 은   자 꾸 가 – 는 – 데   –
청 – 춘 은   자 꾸 가 – 는 – 데   –
지 는 – 꽃 도   내 마 음   알 고 있 겠   지
부 엉 – 이 도   나 처 럼   울 고 있 구   나
당 신 – 만 을 기 다 – 리 는 – – 줄 –   사 랑
떠 난 – 님 이 그 – – 리 워 – – 서 –
아   –

사랑은 늘 도망가

강태규 작사 | 홍진영 작곡 | 임영웅 노래

은 늘 도망－가－ 잠 시－ 쉬 어가면 좋을 텐 － 데－－
바람
－데－－ 기다림 도 － 애 태움－－도 － 다 버려야하는데－ 무얼
찾 아 이 길을－서성일 까 － 무 얼찾－ －아 － － － 여 기있－나
－ 사 랑 － 아 왜 도망 －가 수 줍－
은아이－처－럼－ 행여 놓아버릴까－봐 －꼭 움켜쥐지－만－ 그리
움 이쫓－아 사랑 은 늘 도망－가－ 잠 시－ 쉬 어가면 좋을 텐
－데－－ 잠 시－ 쉬 어가면 좋을 텐
－데 － －

사랑은 아무나 하나

이건우, 태진아 작사 | 작자 미상 | 태진아 노래

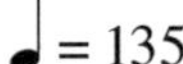

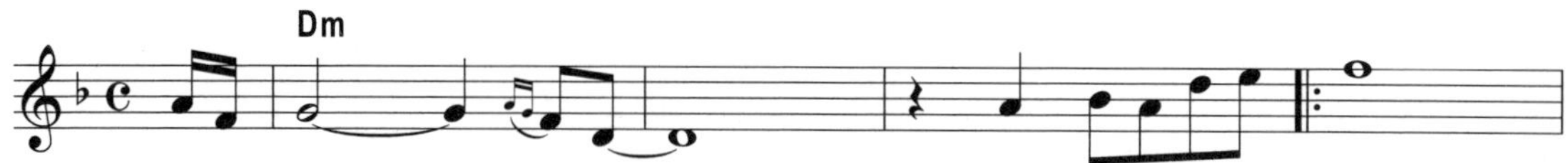

Gm   A7   Dm
두사 - 람이   만 - 드 는 걸
외 로 - 운 건   마 찬 가 지 야
Dm
어 느 세 - 월 - 에   너 와 내 가 만 - 나 -
Gm6   A7
점   하 - 나 를   찍 을 - 까   -
Dm   A7
사 랑 은 아 - 무 나 하 나   어 느 - 누 가   쉽 다 고 했
Dm
1. 나   -   나   -
Dm
어 느 세 - 월 - 에   너 와 내 가 만 - 나 -
Gm6   A7
점   하 - 나 를   찍 을 - 까   -
Dm   A7
사 랑 은 아 - 무 나 하 나   어 느 - 누 가   쉽 다 고 했
Dm   A7   Dm
나

사랑을 위하여

김종환 작사 · 작곡 | 김종환 노래

막 남은 진실하나로 - 오래 두 어도- 진정 변하지않 는 사랑
으 로남게 해주오
내가 아플때보다- 네가 아파할때가- 내가
슴 -을 철들게- 했 고 너의 사 랑앞에 나는 옷을벗었 다 거짓
의 옷을벗어 버렸 다 너를 사랑하기에 저- 하 늘끝에 마지
막 남은 진실하나로 - 오래 두 어도- 진정 변하지않 는 사랑
으 로남게 해주오 너를 오 사랑 으 로남게해주
오

사랑의 밧줄

김상길 작사 | 박성훈 작곡 | 김용임 노래

♩ = 130

밧 줄 로 꽁 꽁 밧 줄 로 꽁 꽁 단 단 히 묶 어 라

내 - 사 랑 이 떠 날 - 수 없 게

사 랑 의 밧 줄 - 로 꽁 꽁 묶 어 - 라

내 사 랑 이 - 떠 날 수 없 게
그 사 랑 이 - 떠 날 수 없 게

당 신 없 는 - 세 상 - 은 단 - - 하 루 - 도
당 신 없 는 - 세 상 - 은 나 - - 혼 자 서

나 혼자서 살 수가 없 – 네 –
아 무것 도 할 수가 없 – 네 –
바보같이떠난 다 니 바보같이떠난 다 니
나를두고떠난 다 니 나를두고떠난 다 니
나 는나 는 – 어 떡하 – 라 고 –
정 말정 말 – 믿 을수 – 없 어 –
밧 줄로꽁 꽁 밧 줄로꽁 꽁 단 단히뮤어 라
내 사랑 이 떠날 – 수 없 게 –
그 사랑 이 떠날 – 수 없 게 –
밧 줄로꽁 꽁 밧 줄로꽁 꽁 단 단히뮤어 라
내 사랑 이 떠날 수 없 게 –

사랑의 배터리

강은경 작사 | 조영수 작곡 | 홍진영 노래
♩ = 131
(사랑의배터리) 나를 사랑으로채워줘요
－사랑의 배터리가다됐나봐 －요－ 당신 없인못살아정말 나는못살－아
당신은나의배터 －리－ 얼짱이아니라도 좋아요 몸짱이아니라도
좋아요 나만을위 해줄 당신이바로 내 겐－짱이－랍니 다－－
한번더나를안아 주세요 가슴이터지도록 안 아주세요 사랑의약발이
사랑을가득넣어 주세요 가슴에넘치도록 넣 어주세요 사랑의약발이
떨 어졌나봐 당신－이필 요－해 요 나를 사랑으로채워줘요 － 사랑의
떨 어졌나봐 나지－금외 로－워 요 나를 사랑으로채워줘요 － 사랑의
배 터 리 가 다됐나봐 －요－ 당신 없인못살아 정말 나는못살－아

176

당신은나의배터 -리- 내겐 당신만이전부예요- - 당신이
너무좋아완전좋아 -요- 하나 뿐인내사랑 둘도 없는내사-랑
당신이짱이랍니 -다- 아무리힘든 날에도 당신만있다 면
힘들지않아 나는 슬프지않아 당신곁이라 면 아 - - -
- 내겐
당신만이전부예요 - 당신이 너무좋아완전좋아 -요- 하나
뿐인내사랑둘도 없는내사-랑 당신이짱이랍니 -다- 당신이짱이랍니
-다- 당신이짱이랍 - 니 다
사랑의배터리

사랑의 재개발
김이나 작사 | 조영수 작곡 | 유산슬 노래
♩ = 154
C Am 3 F G
C G C G
C E7 Am A7
싹 다 갈아엎어 – 주––– 세요 – 머리
Dm D7/F# G C
부 터 발끝까지–– 모조리 싹 다 싹 다
E7 Am A7 Dm
갈아엎어 – 주––– 세요 – 나비 하나날지않던 – 나
D7/F# G C G
–––의 가 슴에 – 재개발 해주 세요––
C E7 Am F6
내맘을 그냥 두지 말 아 줘요–
내맘에 이정 표를 세 워 줘요–
금싸라기
딱집어서
F6 G C E7
같 은 내 맘을 –
그 대 거 라고 –
내맘에 전 철역 – 을 내
내맘에 박 자를 – 좀 넣

Am   F6   G   C
어 쥐요- 그대만이 내 - 릴수 있는 -
어 쥐요- 쿵찍으면 딱을 할게요 -
C   G/B Am   Em
오 오 그대맘을 심 으면-뭐-든 피 어나--
Em   F   D/F#   G   G7
- 팥도나고 콩 - 도 날 텐데 - - 모조리
C   E7   Am   A7
싹 다 갈아엎어 - 주--- 세요 - 머리
Dm   D7/F#   G   C
부 터 발끝까지-- 모조리 싹 다 싹 다
E7   Am   A7   Dm
갈아엎어 - 주--- 세요 - 나비 하나날지않던 - 나
D7/F#   G   C   Am
---의 가 슴에 - 재개발해주 세요--
F   G   C   G
랄 라라라라랄 - 라 라라라라 하
C   G   G   (N.C.)
1.   2.
사 랑 의 재 --개 - 발

사랑하며 살테요

조운파 작사 | 임종수, 민의 작곡 | 남진 노래

세상은 바람잘날 이 없고 인생은 달릴수록
먼 -데- 돌아보면 빈들같은 세월에-
가슴은 꿈을안고 살았네 나는 잊지않으리- 눈물의
골짜기에서 나의 눈물닦아주던 사람 들- - 나는

꿈을안고산다오- (나는 꿈을안고산다오-) 나는 사랑하며살테요- (나는
사랑하며살테요-) 거친 풍랑의바다 한가운데 있을-지라 도 아픈
사랑 과인 생 눈 물과- 기쁨의노래 를 너를 위 해부 르--
리
두루뚜 두루두 뚜 뚜뚜뚜두 따라라라라다 따
따라라라라다 따 따 -라라라다 따 - 나는
리 너를 위 해부 르--리 -

사랑합니다

홍성은, 박정환 작사 | 박성훈 작곡 | 현당 노래

♩ = 135
너 무 나 - 행 복 합 니 다 - -
바 - 라 만 보 고 있 어 도 - -
당 - 신 은 내 인 생 에 꽃 을 - 피 우 고 행
복 도 피 웠 어 - - - 요 - -
사 랑 - 이 여 사 랑 이 - - - 여 -
사 랑 - 해 도 사 랑 해 - - - 도 -

내맘 – 속에   사 랑 이 – – 여   –
끝이 – 없는   사 랑 이 – – 여   –
한   – – 평 – – 생   사 랑 – – 하면 서   그 대
곁   에   머 물 고 싶 – 어   –
한   – – 평 – – 생   사 랑 – – 하 면 서   그 대
곁   에   머 물 고 싶 – 어   –

산다는 건

강은경 작사 | 조영수 작곡 | 홍진영 노래

보 면나-에 게도- 좋 은 날이온답니 -다 산다는
이 별거-있 나요- 거 기 서거기인거 -지
건 다그 런거래 -요 1, 2.힘들 고 아픈 날도많 지만 산다는
3.세상 일 이란 알수없 지만 산다는
건 참좋 은거래 요-- 오늘 도 수고많 으셨 -어요 라라
건 참멋 진거래 요-- 모두 가 내일도 힘내
-라- 라라 -라-
-어요 산 다 는
-세요 라라 -라- 라-
D.S. al Coda
오늘 도 수고많 으셨 -어요

상사화

안예은 작사 · 작곡 | 안예은 노래

♩ = 100

다 시 돌 아
올 수 없 는 그 험 한 – 길 위 에 – 어 찌 하 다
오 르 셨 소 내 가 가 야 만 했 었 던 그
험 한 – 길 위 에 – 그 대 가 왜 오 르 셨 소
기 다 리 던 – 봄 이 오 – 고
있 는 데 이 리 나 를 떠 나 – 오 긴 긴 겨 울
– – 이 모 두 – 지 났 는 데 왜 나 를 – – 떠 나 –
가 오 –

다시돌아
소 아
우
기 다 리
오 기 다 리 던
봄 이 오 고
오 는 데
있 는 데 이 리 나를떠나 오
긴 긴 겨
울 이 모두 지 났 는 데 왜나를
떠나 가 오

수은등

유수태 작사 | 김호남 작곡 | 김연자 노래

♩ = 82

소풍같은 인생

추가열 작사 · 작곡 | 추가열 노래

♩ = 140

후회 도 많 겠 지만 – – 어 차 피

한번왔다가는걸 붙잡을수없 다 면 소 풍 – 가 –

듯 소 풍 – 가 – 듯 웃 – – 으 며

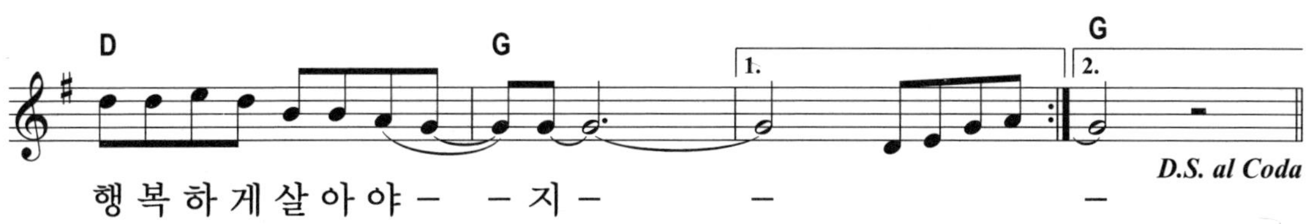

행 복 하 게 살 아 야 – – 지 – – –
D.S. al Coda

웃 – – 으 며 행 복 하 게 살 아 야 – – 지 – –

웃 – – 으 며 행 복 하 게 살 아 야 지 –

숨어 우는 바람 소리

김지평 작사 | 김민우 작곡 | 이정옥 노래

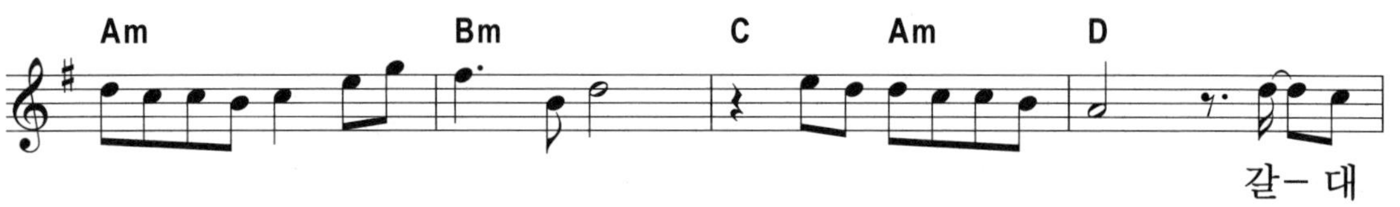

둘이서걷 던 갈대밭길에- 달 은지고 있는 데

잊는다하 고 무슨이유 로 눈물이날-- 까 요 아-

- --길잃-은 사슴 -처럼 그리 움 이돌 아오 면 쓸-

쓸 한갈 - 대숲 -에 - 숨어우 는바 -람소 리

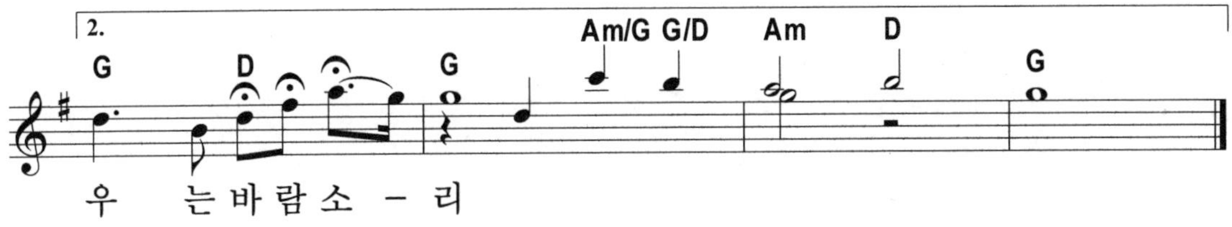

우 는바람소 - 리

시계바늘

신웅 작사 · 작곡 | 신유 노래

♩ = 134
사 는 게 뭐 별 거 있 더 - 냐
좋 아 여 자 가 좋 - 아
욕 안 먹 고 - 살 면 되 는 거 지
술 이 좋 아 - 친 구 가 - 좋 아
술 한 - - 잔 에 - 시 름 을 털 고
싫 다 - - 하 는 - 사 람 은 없 어
너 털 웃 음 한 - 번 웃 어 보 자 - 세 상 - 아 -
너 도 한 번 해 보 고 나 도 한 번 - 해 본 - 다 -
시 계 - - 바 늘 - 처 럼 돌 고 돌 - 다 가

가 는 길 을 잃 은 - 사 - 람 아 - 미 련 따 윈
없 는 거 - 야 후 회 도 없 는 거 야 아 아 아
아 - - 아 - - - - - 세 상 - 살 이 -
뭐 다 그 런 - 거 지 - 뭐
나 나 나 나 나 나 나 나 나 나 나 나 나 나 나 나 나 나 나
나
돈 이 뭐 세 상 - 살 이 - 뭐
다 그 런 - 거 지 - 뭐

신토불이

김동찬 작사 | 박현진 작곡 | 배일호 노래

어 디가 고- 미 쓰김 만있 -느 냐 - 쇼 윈도 의
어 디가 고- 미 쓰리 만있 -느 냐 - 진 열장 의

마 네킹 이- 외 제품 에춤 을추 네 - - 쌀 -이 야-

보 -리 야- 콩 이야팥 -이 야 우 리몸 엔

우 리건 데- 남 의것 을왜 찾느 냐 - 고 추장 에된 장-

김 치 에깍 두기 잇 지마 라잇 지마 너 와나 는한 국인 신 토불 이-

- 신 토불 이- 신 토불 -이 야 -

D.C. al Fine

10분 내로

이병오 작사 | 이호섭 작곡 | 김연자 노래

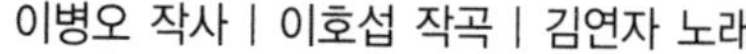

여- - 자 는- - 꽃 이랍- 니- -다-
당- - 신 은- - 나 만의-남- -자-
혼 자- 두지- -말아- -요 -
나 는- 당 신-의 여- -자 -
당- - 신- - 가 슴에 - 영원히지지않- 는- -
언- - 제- - 나 멋진 - 당-신가슴에안 겨- -
꽃이 될- -래요 -십 - -분내 로- - -
꽃이 될- -래요 -십 - -분내 로- - -
꽃이 될- -래요 -십 - -분내 로- - -

18세 순이

나훈아 작사 · 작곡 | 나훈아 노래

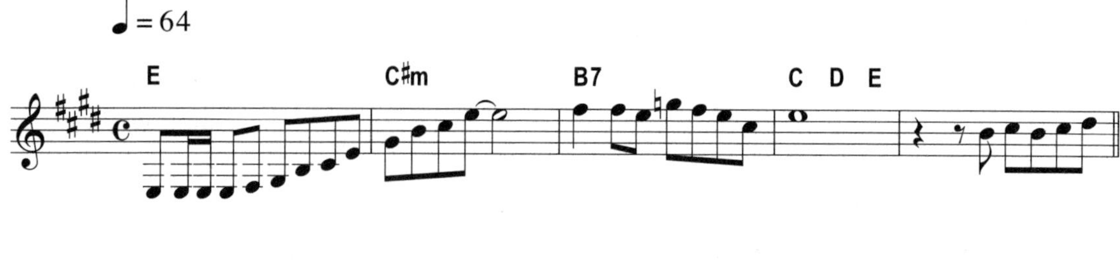

A7   E
가야 해 - - 가야 해 나 는 가 야 해 -

B7   E
순 이 찾 아 가 야 해 에 - - -

E   A
누 가 이 런 - 사 람 - 을 본 적 이 있 나 - 요 나

B7   E
1.
이 는 - 십 팔 세 - 이 름 은 - 순 이

E   A

A   B7

E   E
2.
이 -

B7   C D E
나 이 는 - 십 팔 세 - 이 름 은 - 순 이 -

쓰러집니다

장대성 작사 | 김진룡 작곡 | 서주경 노래

뭐가 어때서 그런 건가요 - 사 랑이장난인가요 -
가던 길 그냥 떠 나지 - 왜 돌려요 이제는그만 날 - 놀려요 -
가던 길그냥떠나지 - 왜 돌려요 - 가던 길 - 그냥 - 떠 나지 -
하루
가던 길그냥 떠 나지 - 왜 돌려요 이제는그만 날 - 놀려요 -
가던 길돌려왔다가 - 다 시가면 - 나정말 - 쓰러 - 집 - 니다 -
쓰러집니다 쓰러집니다 쓰러집니다

아리아리요

김진용 작사 | 박해운 작곡 | 주병선 노래

아 리아리 아리 요--   당 신이참좋아 -요-
당 신이참 좋아 요-
빨 간입술자국 내맘에남겨줘 요   아무도 모-르게-
아 리아리 아리 -요--   부 끄러워말아 -요-
어 여쁜내사 -랑-   이리와안 겨요 -
가 슴이 살 랑살-랑   들 썩들-썩   미치 겠-어
온 몸이 짜 릿하-게   부 드럽-게   사랑을해 요 -
난 나 나 나난 -나   아 난 나 나 나나 -
난 나 나 나난 -나   오 - -

아모르파티

이건우, 신철 작사 | 윤일상 작곡 | 김연자 노래

♩ = 134

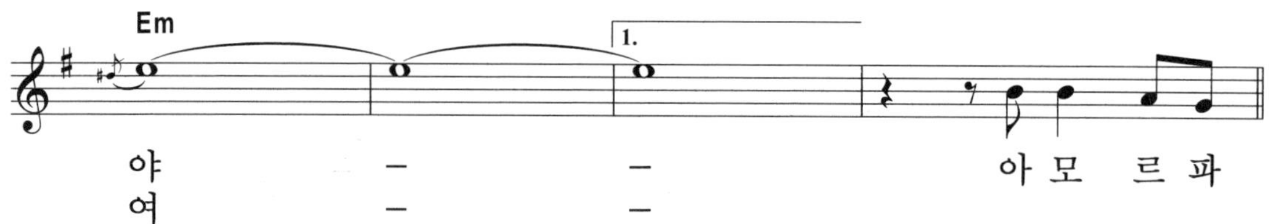

티

아모 르파

티

인생이 – 나 이 는

숫자 마음이 진짜– 가슴이 뛰는 대로 –가면

돼 이제는 더 이–상슬픔이여 안 녕– 왔다갈

한 번–의인생–아 – 연 애 는 필수 결혼은

선택 가슴이뛰는 대로 가면 돼— 눈물은
이별—의거품—일뿐이야 다가올 사랑 두렵지 않
아———— 아모르파티
아모 르파 티
말해뭐
해— 쏜— 화살 처럼 사랑도지 나 갔— 지—
만 그추억 들 눈—이부시 면 서—도 슬 펐던행복—이
여 —나이는 아모르파티

애정의 조건

신상호 작사 · 작곡 | 최유나 노래

안동역에서

김병걸 작사 | 최강산 작곡 | 진성 노래

G#
C#m
D#dim
못오는 건지 -
오 지 않 는 -사-람 아
대 답 없 는 -사-람 아
G#
C#m
F#m
G#
안타-까운 내마음만 녹고녹는다
기다-리는 내마음만 녹고녹는다
C#m
G#
C#m
기적-소리 끊어--진 밤에
밤이-깊은 안동--역 에서
C#m
F#m
G#
C#m
A
3
G#
G#
C#m
AM7
C#m
F#m
G#7
C#m
C#m6
D.S. al Coda
C#m
기다-리는 내마음만
F#m
G#
C#m
G#
C#m
녹고-녹 는 다 밤이-깊은 안 동-역에 서
C#m
G#
C#m6

애가타

이건우 작사 | 임종수 작곡 | 장윤정 노래

없 어 – 그냥 바라 만 봐도 애 가 타 – 맘이
너 무 아 파서 – 애 가 타 – 이러 는 게 아 – 닌데 – 흘린
눈 물 때 – 문에 – 사랑 하 는 – 마음들 켜 버렸 어 요 –
가 까이 내 – 게 와 줘요 – 뭐 라고 말 – 좀
해 봐요 – 이렇게 애 가 타 도록 – –
사랑하고 – – 있 는 데 –
그냥 는 데 –
사랑하고 – – – 있 는 데

애모

유영건 작사 · 작곡 | 김수희 노래

그대 - -앞에만 서-면 - 나- 는 왜작아지는가 -
그대 - -등뒤에 서면 - 내- 눈은젖어드는데
사랑때문에- 침묵해야할- 나 는당신의여자
- 당신의여 자그리고추 억이 있는-한 당-
신은 나의남자여
여 당-신은 나의남자여
215

 어느 60대 노부부의 이야기

김목경 작사 · 작곡 | 임영웅 노래

이 이제 는 모 - 두말 라
여보-그눈물을기억- 하
오
세월 데 세월은 그렇게-흘-러 여기
까 지 왔-는 데 -- 인생은 그렇게-흘-러 황혼
에 기 우- 는 데-- - -
다시못올-그먼 길을- 어찌 혼자가 려 하오- 여기
날 홀 로 두고- 여보왜한마디말 이없 소
여보안녕히잘 가 시 게 여보안 녕 히

217

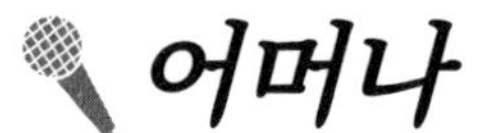

어머나

윤명선 작사 · 작곡 | 장윤정 노래
♩ = 113

Am E7/B Dm Am E7 Am
Dm E7/B Am E7/B Dm Am E7 Am
Dm E7/B Am Am7 Am Dm

어머나 어머나 이러지 마세요 여자의 마음은
어머나 어머나 이러지 마세요 여자의 마음은

E7 Am Dm

갈대랍니다 안돼요 왜이래요 묻지말아요 더이상내게 원하
바람입니다 안돼요 왜이래요 잡지말아요 더이상내게 바라

E7 Am G C

시 면 안 돼 요 오늘처음만난당신 이 지만
시 면 안 돼 요

Dm E7 Dm Am

내사랑인걸 요 헤어 지면 남 이되어

Dm E7 Am

모른척하겠지만 — 좋아해요 사랑해

요   거짓말 처럼당신을 사 랑 해 요 소설 속의 –   영화
속의 –   멋진 주인 공은 아 니 지 만 괜찮 아요 –   말해
봐요 –   당신 위해서라면   다 줄 게 요
위해서라면– 다 줄 게 –요 소설 속의 – (우우)영화 속의 – (우우)멋진
주인 공은 아 니 지 – 만 괜찮 아요 – (우우)말해 봐요 – (우우)당신
위해서라면   다 줄 게 요

여인의 눈물

이반석 작사 · 작곡 | 주현미 노래

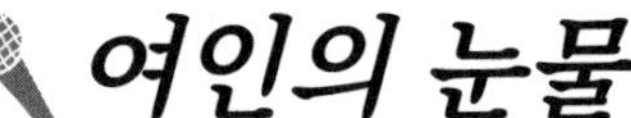

♩. = 78

Em   Am   D   F#dim7   B

Em   /D#   /D   A/C#   Am   B

B   Em   C   D   Gsus4
사랑이 사랑으로 남아있 나 요- 기억 저 편 - 난 어 디쯤에 있 나-

F#dim   B   Em   A/C#   Am   B
다 정했던 사 람- 이 그 모진 사랑이- 가슴에 남 아-있는 데   -

B   Em   C   D   Gsus4
그날이 그리워서 눈물이 나 면- 하염없 이 - 이 길 을 걷 고 있 네-
사랑이 야속하다 아니라 해 도- 속절없 이 - 가슴 을 저 며 온 다-

F#dim   B   B7   Em   A/C#   Am7   B   Em
밤 새우던 웃 음- 도 꼭 잡은 두 손 도- 모두 다지 난-이야 기   -
달 콤했던 말 들- 은 다 무엇이었 나- 도무지 알 수-가 없 네   -

Em   B7   E7   B7   C   Am   B
긴 세-월 속 에 수 많았던 인 연 늘 상처뿐인 사랑이 여   - 아 아 아
아 스--라 이 사 라-진 기 억 그 언약들은 별이 되 어   - 아 아 아

아 - 바람처럼 - 멀리 길 도없이떠 나- 가 는 가-
아 - 구름처럼 - 그대 끝 도없이떠 나- 가 는 가-
슬픔은-흘러간-다- 또 나 를달 랜다 가녀 린여 인-의눈 물 -
아픔은-스쳐간-다- 또 나 를안 는다
가녀 린여인-의
눈물 - 아아아 아 - 구름처 럼 -그대
끝 도없이떠 나- 가 는 가- 아픔은-스쳐간 -다- 또
나 를안 는다 가련 한여 인-의눈 물 - -

여자는 눈물인가봐

정월하 작사 | 김정일 작곡 | 이자연 노래

왜나 는당 신만을 - 후회
왜나 는당 신만을 - 미련
없 이 - 사랑했 - 는 지 당신은 - 나에게 사랑을 - 주고서
없 이 - 사랑했 - 는 지 당신은 - 나에게 당신은 - 나에게
눈물 을보 고 - 싶나 요 울리지말 아요 울리지말 아요
과거 를주 고 - 싶나 요
바보처럼울리지말아 요 그래도간 - 다면 그래도간 - 다면 잘가세
당신여자울리지말아 요 울리고간 - 다면
요 잘가세 요 -- 여자 는눈물 인 가 봐 -
가 봐 - -

여자의 마음

♩ = 130
가 슴 에- 상 처 만 을 남 겨 놓 은 채 마 음 에- 그 리 움 만
가 슴 에- 남 아 있 는 미 련 때 문 에 한 없 이- 밀 려 오 는
새 겨 놓 은 채 정 주 고 떠 나 간- 야 속 한 그 사 람-
추 억 때 문 에 날 이 면 날 마 다- 당 신 을 그 리 며-
이 것 이 서 러 운 이 별 인 가 요 마 음 이- 음-
서 러 운 마 음 을 달 래 봅 니 다
약 해 서- 하- 여 자- 인 가- 요 눈 물 이- 음-
많 아 서- 하- 여 자- 인 가- 요 바 람 따 라 가 버 린-
그 사- 람- 을 못 잊 어 서 우- 는- 아 여 자 의 마 음
음

여자의 눈물

진시몬 작사 · 작곡 | 진시몬 노래

바람에 실어서- 내맘을 전할까- 야속하다- 내사랑아 -
세월에감 춰진- 아픔도모르고- 떠나간 사람 말이없 어   아
아   아 아- 아- -   기 다   림에 지쳤는 데   아
아   아 아아 아   - - -   눈 물은 나만의 몫인 - 가요-
- 가요 -   눈 물 은 - 나만의   - 몫인가   요

옆집 오빠

강은경 작사 | 조영수 작곡 | 영탁 노래

♩ = 140

날 보러-와 요 - 오빠가 생각날땐언제 든 - 옆집오빠랍니
날 보러-와 요 - 탁이가 생각날땐언제 든 - 옆집탁이랍니
다 - - 몸매도스타일도 짱-인 알고보면속도
다 - - 재밌고매너좋은 남-자 센스하나끝내
깊 - 고 자상한남자랍니 다 - - 좋은오빠랍니
주 - 는 옆집오빠랍니 다 - -
다 주고-싶 어 전부주고싶어 당 -신향한내마 음
- 나 에게와요 지 -금당장와요 내 -가아껴줄게 요
- 오 - -
멋진오빠랍니 다 - -
끝까지변치않을 남자 - 한여자만사랑 하 - 는
당신의남자랍니 다 - - 옆집오빠랍니 다 - -

예쁜 여우

서판석 작사 | 임강현 작곡 | 김혜연 노래

♩ = 132

Am A Dm Am E Am
한달만에내입술을 훔쳐가고선 얼렁뚱땅결혼하자 네
여자라면어머니도 믿지말라고 믿을것이못된다는 데
Am E Am Dm E
분 명이남자는 늑대일거야 여자마음흔들어놓는
분 명이여자는 여우일거야 남자맘을들뜨게하는
Dm Am F E
그 윽한눈빛 달콤한말로 내맘을사로잡 네
야 릇한미소 달콤한입술 내맘을사로잡 네
Am Dm G C E
하 지만어쩔수없어 늑대에게빠져버린 나
하 지만어쩔수없어 여우에게홀려버린 걸
Dm Am F E Am
그 래도그런 걱정마세요 – 나는예쁜여운 걸
그 래도좋아 여우가좋아 – 나의예쁜여우 야
D.S. al Coda
Am E Am F G C E
Am G Am F G Am
Am E Am Dm Am E Am

오라버니

추가열 작사·작곡 | 금잔디 노래

Am   F
고   지금이대로 죽어도 여한없어 -

C   E
요   난 정말여자라서 -행 -복해-

Am   G   C   E
요   (오 라버 - 니) 사랑한 다 말 해주세-

Am   F   G
요 (말 해 쥐 - 요)   정 신을   못 차릴 거

C   F   C
야   오 라버 니목 소 - 리 에 울 고웃어-

C   Dm   G   C   /D /E
요   내 겐영 원한오 라버 - 니

F   C   Dm

G   C   Bdim/D /E   C
D.S. al Coda

Dm   G   C
내 겐영 원 한 오라 버 - 니   -   (나 의 오라버니)

오빠만 믿어

박진형, 윤경 작사 | 박진형 작곡 | 박현빈 노래

♩ = 135

1.2.오빠 말만믿 어라 - - 손만잡아도 좋아 -
3.오빤너만원 한다 - - 너때문에웃 는다 -
속 보 이 는말 - 이 아 - 냐 - - -
너 없 이 는나 - 도 없 - 다 - - -
오 빠한번믿 어봐 - - 너만바라보 리라 - -
평 생 토 록내 - 가 안 - 아 - 줄 - 게
오 빠 - 이 - 오 빠는 - 세 상 - 을 다 줘 - 도 -
너 와 바 꾸지 - 않 - 으 리 (오빠믿어봐)
남 자 답 게내 - 말 책 - 임 - 질 - 게 (오빠)

우연히

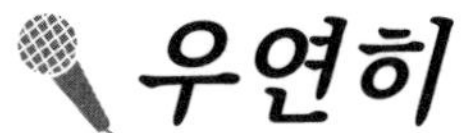

설운도 작사 · 작곡 | 우연이 노래

♩ = 145

Dm   Am   C   E
-복하냐물었 지 -   아무런말도없이 -
F   C   F   E
눈- 물 만 뚝 뚝 뚝   흘리는그 사람 -
E   Am   Dm
-    난 벌 써 용 서 했 다고 --- - -
G   C   C E
난- 벌 써 잊 어 버렸 다 -고- -
Am   A7   Dm
말-을해 놓고 -   안 아주-었지 - - -
E   Am
정말- 정말 행 -복해야된-다고 --- - -
E   Am
정 말- 정 말 행 -복해 야 된 -다고 ---- -
F G   Am   F   G   Am
-

울엄마

진성 작사 | 김도일 작곡 | 진성 노래
♩ = 136
(N.C.)
Em
D
G
Em
Am
Em
D
Em
G
Am
Em
Em
G
B7
Am
B
Em
Em
B
Em
Bm
Em
G
울 - 엄 마 - 날 - 낳 아 걱 정 태 산 이 되 고
주 름 - - 깊 - 은 - - - 데 -
세 상 사 나 잘 났 다 허 풍 - 소 리 에
눈 - 가 에 이 슬 - 맺 히 시 네 어 리
버 리 - 가 진 것 없 어 떠 - 버 - - 리 말 -

로 만 - 한 숨 - 드렸 - 네 어 리
버 리 - 수많은날을 응 - 어 - - 리 가
슴 에 - 한 만 드 - 렸 네 - - - 1, 2. 무 - 병
3. 세 - 월
- 장 - 수 - 부디 하옵 소 - 서 - -
- 비 - 켜 - 부디 가옵 소
어 리 - 서 - 어 리
- 서 -

유리구두

김동찬 작사 | 김수환 작곡 | 김혜연 노래

너 만 은 결 코 아 니 가 리 라 –
너 만 은 끝 내 사 랑 하 리 라 –
아 니 갈 줄 믿 었 – 는 데 – –
없 는 정 도 만 들 었 는 데 – –
갈 대 는 바람앞에 흔 들 – 려 –   (갈 대 는 바람앞 에 흔 들 – 려 –)
사 랑 은 누 군 가 에 흔 들 – 려 –   (사 랑 은 누 군 가 에 흔 들 – 려 –)
유 리 구 두   갈 아 – 신 고   유 리 구 두   갈 아 – 신 고
툭   툭   털 고 간 사   람   –
유 리 구 두   갈 아 – 신 고   유 리 구 두   갈 아 – 신 고
툭   툭   털 고 간 사 람   –

유쾌 상쾌 통쾌

정의송 작사 · 작곡 | 소명 노래

어차피 사 는것 - 즐겁게사는게좋 지 - 그
-까짓것걱정 그 -까짓것고민 다그냥던져버리 고
크게한 번 웃 어 보는거 야 - 유
-쾌하게살자 상 -쾌하게살자 통쾌하게-살자 고 가슴
쫙 퍼 고 사 는 거 야 -
- 유 -쾌하게살자 상 -쾌하게살자 통쾌하게-살자
고 가슴쫙 퍼 고 사 는 거 야 - 가슴
쫙 퍼 고 사 는 거 야 - 유
-쾌상쾌통쾌 유 -쾌상쾌통쾌

유행가

송애린 작사 | 최정환 작곡 | 송대관 노래
♩ = 120
Am
E7
E7
Am
Dm
Am
유 행 가 유 행 가
E7 Am
Dm
E
신 나 는 노 래   나 도 한 번 불 러 본 다 - -
E
E F#m7(♭5) E/G# Am E7
쿵 쿵 따 리 쿵 쿵 따   짜 리 짠 짠 유 행 가 노 래
Am
G E/G#
가 사 는 -   우 리 가 사 는   세 상 이 야 기
Am
Dm
오 늘 하 루 힘 들 어 도 -   내 일 이 있 으 니

행복하구나　유행가　유행가 신나는노래
쿵쿵따 리쿵쿵따　신나는노래
나도한번 불러본다　유행가　유행가
우리한번 불러보자　쿵쿵따 리쿵쿵따
서글픈노래　가슴치며－불러본다－－
서글픈노래　가슴치며－불러보자－－
유행가노　래가 사는－
사랑과이별　눈물이구나　그시절－
음정박자
그노래－　가슴에 와닿는 당신의노래
따로지만－　넘치는감정으로 부르는노래
넘치는감정으로 부르는노래　－　짠짠

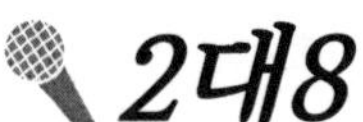

2대8

윤민수, 박경진 작사 | 윤민수, KINGMING 작곡 | 이범학 노래

나오늘집에못 간 -다-   오늘도원 샷   내일도원 샷
남자의인생을마신 -다-   누가뭐라해 도난 이대팔
나오늘바람필 거-야   오늘은정 자   내일은경 자
사나이인생이란 -다-
매일밤술에취해 살 아도-
오빠만있어주면 괜 찮아-   일이년바람핀거 아 닌데-   그
냥 꾹 참 지-뭐 -   또 -   오늘은메 리
내일은제 니   사나이라이프란 -다-

이따이따요

박진형, MINUKI 작사 | 박진형 작곡 | 장윤정 노래

이 따이 따이 따요　우 린아 직－　모 르는게－　너 무 나
이 따이 따이 따요　여 자맘을－　몰 라주는－　남 자 는
많 아－ 요－　안 돼안－ 돼－더 다 가오 지마 세요　그 래그－ 래－더
싫 어－ 요－　안 돼안－ 돼－오 늘은여 기까 지만　그 래그－ 래－너
조 금만 더천 천히　정 말나 를－　원 한다 면－　아　껴 주 세
무 서두 르지 마요　정 말나 를－　원 한다 면－　아　껴 주 세
요
아　아 이 야
D.S.
아　아 이 야　아　껴 주 세 요

이제 나만 믿어요

김이나 작사 | 조영수 작곡 | 임영웅 노래

나만두고가 던 나만스 쳐간 행 운 이모-여
그대가되어서 내게와준 거 야 - 궂은비가오 게 이제나만-- 믿어
- 요- - 나의 마 - 지막 주인 공이되어 - 다신
누구앞에서도그대는고개숙 이지마요- - 내가 보 지못 했-던 홀로
고단했던 시간 - 고 맙-고 미 안-해- 요 - - 사랑해
요 - - 이세상- 은 - 우리를 두 고-오랜장 난-을했
고 우린속 지않은거 야 - 이젠울 지마 요 - 좋을땐
밤 새-도록맘 껏-웃어- 요 전부그대- -꺼니 까 - - -
그대는걱 정-말아 요 이제나만-- ---믿어 요---

인생은 생방송

김동찬 작사 | 박현진 작곡 | 송대관 노래
♩ = 134
Dm
Dm
Gm   B♭   A
Dm
B♭   A   Dm
(아 － －－ 아)
Dm   A   Dm
인 － 생은 생 방 송   홀로－ 드 라 마
인 － 생은 생 방 송   모노－ 드 라 마
Gm   C   F   A
되돌릴 수 없 는 － 이－ 야 기
되돌릴 수 없 는 － 이－ 야 기
Gm   Dm
태 어 난 － 그 날 부 터   즉 석 연 기 － 로
태 어 난 － 그 날 부 터   숙 제 를 안 － 고

세 상 을 줄 타 - 기 하 네
넘어질듯넘어질듯 줄 타기하 네 쓰러질듯쓰러질듯 줄 타기하 네
미 움이넘 칠 땐 사 랑을붙 잡 고
눈 물 이 - 넘 칠 땐 기 쁨을붙 잡 고
비바 람 부딪 치 며 살아온 세 월
정 으 로 부딪 치 며 살아온 세 월
하 루 가 백 년 이 네
인 생은재방송안 돼 녹 화도 - 안 돼
오 늘 도 나홀로주 인 공

이선희 작사 · 작곡 | 이선희 노래

♩ = 70

시 올 수 있을까 – 요 – 고 달 픈 삶의 길
시 올 수 있을까 – 요 – 하고 픈 말많 지
– 에 당 신 은 선 물 – – 인 – 걸 이사
– 만 당 신 은 아 실 – – 테 – 죠 먼길
랑 이 녹슬지않 도 록 늘닦 아 비출 게 – 요
돌 아 만나게되 는 날 다신놓 지말 아
– 요 이 생 에 못 한 사 – 랑– – 이 생–
에 못 한 – – 인 – 연 먼길돌 아 다시만나 는 날 나를
놓 지말 – 아 – – – 요

일소일소 일노일노

이경미 작사 | 신웅 작곡 | 신유 노래

한 세 상 이 고 울 다 가 - 도 한 세 상 인 데
욕 심 내 봐 야 소 용 없 잖 아 - 가 지 고 갈 것 하 나 없 는
- 데 - 일 소 일 소 일 노 일 노 얼 굴 - 마 다 쓰 여 져 -
감 출 수 가 없 는 데 - - 한 치 의 앞 날 모 르 는 것 이
인 생 인 것 을 그 게 바 로 인 생 인 것 을
웃 다 가 - 도 한 세 상 이 고 울 다 가 - 도 한 세 상 인 데
욕 심 내 봐 야 소 용 없 잖 아 - 가 지 고 갈 것 하 나 없 는
- 데 -

일편단심 민들레야

이주현 작사 | 조용필 작곡 | 조용필 노래

♩ = 124

256

C   B7   Em
낙 엽 지 듯 가 - - 시 었 네
강 을 건 너 찾 - - 아 왔 소

B7   Em   C   Em
행 복 했 던 장 미 인 생   비 바 람 에 꺾 이   니

B7   C   3   B7
나 는   한 떨 기 -   슬 픈 민 들 레 야

C   B7   Em   B7
긴 세 월 하 루 같 이 하 늘 만 쳐 다 보 니 그 이 의 목 소 리 는 어 디 에 서 들 을 까

Em   3   B7   Em   3
일 편 단 심 민 들 레 는   일 편 단 심 민 들 레

B7   Em   B7   Em
는   떠 나 지 않 - - 으 리 라

Em   D.C. al Coda   Em   B7   Em

있을 때 잘해

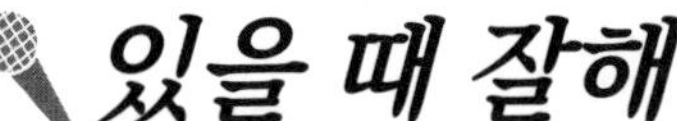

이건우, 김정혜 작사 | 박현진 작곡 | 오승근 노래

♩ = 140

있 을때잘해 그 ー러니까잘 해 (있 을때잘해 그
ー러니까잘 해) 이 번이마지 막 ー
마 지막기회 야 ー 이 제는마음에
그 문을열어 줘 ー ー 아 무도모르 게 ー
보 고파질때 ー 그 럴때마다 너 를찾는거
야 ー ー ー 바라보고있 잖아 ー
(있 잖아 ー)
사랑하고있 잖아 ー 더 이상내게ー 무얼 바라 나
(있 잖아 ー)
ー 있 을때잘 해 ー ー 있 을때잘
해 ー ー

259

자기야

이승수, 조성현 작사 | 이승수, 태진아 작곡 | 박주희 노래

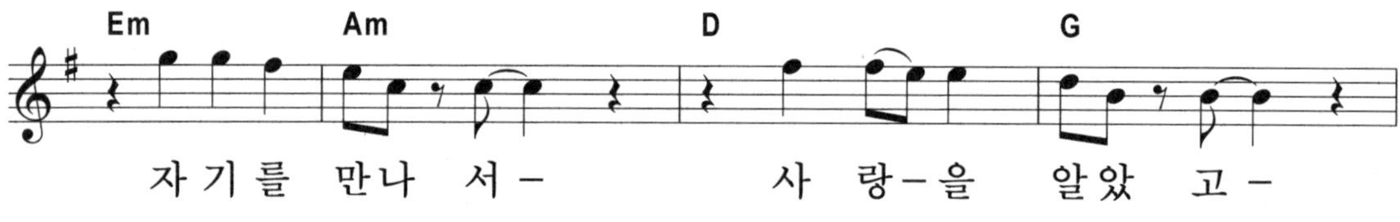

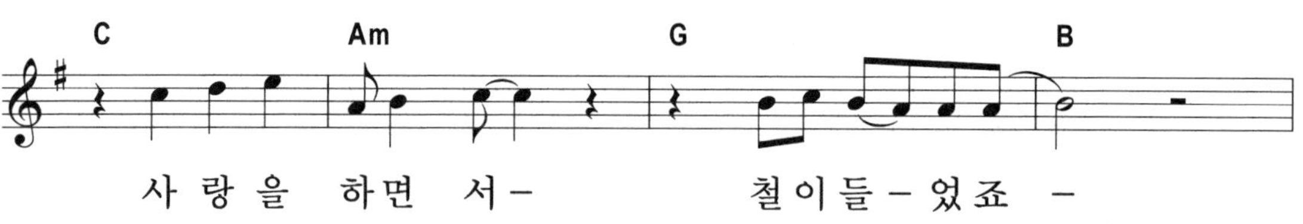

말 로는- 설 명할-수 가 - 없잖아 요
어 쩜 좋아 - 자 기가- 좋 아-
멋 진 그대 - 자 기가 좋아 - - -
자 기 야 사 랑인 걸 - 정 - 말 몰 랐니 -
자 기 야 행 복인 걸 - 이 - 제 알 겠니 -

자옥아

최동일, 한아름 작사 | 박현진 작곡 | 박상철 노래
♩ = 145
내 곁을 – 떠나간 – 그 사람 이름 은 –
지 금은 – 어디서 – 무 엇을 하는 지 –
자옥 자옥 자옥 이었 어 요
어디서 어떻게 살 고 있 – 는 지
그 사람 어깨 엔 – 날개 가 있어 –
바 람만 불어 도 – 구름 만 떠 가도 –

Em   Am   G   B   Em
멀 리 멀 리 날 아 갔 어 요 -
깜 빡 깜 빡 생 각 이 난 다 -
Em   C
자 옥 아 -   자 옥 아 -   -
D   C   B   Em
내가 내가 - 못 잊을- 사람 아   - 자 옥 아
Em   C   G
- 자 옥 아 -   -   내가 정 말 -사랑한자 옥아
B   Em   D   C
-   -   내어 깨위 엔 날개 가없 어 널 찾아못 간
B   Em
다 내 자옥 아   자 옥 아   -
Em   D   C   B   Em
내어 깨위 엔 날개 가없 어 널 찾아못 간 다 내 자옥 아
Em
자 옥 아   -

잘가라

김이나 작사 | 조영수 작곡 | 홍진영 노래

잘가 라 - - - - - 나를잊어 -라 - - - - 이까짓것
사 - -랑 몇번은더 할 -테니- - -
알잖아 내가 뒤 끝이좀 짧아 서 -
알잖아 내가 깔 끔한게 좋아 서 -
알잖아 내가 너 -말고도 님이 많 -아 서 - 난싫어
혹시나 하는 맘 -에하는 얘기 인 -거 야 - 비라도
간질간질거리는이 -별 이맘 때쯤때쯤흐르는눈 -물 -
부슬부슬오는늦은 -밤 술이 한잔두잔들어가는 -밤 -
할만큼했잖아 미 -련이없잖아 짠 - 짠 짜잔 짠 - 잘 가
혀꼬인말투로 전 -화하지마라 짠 - 짠 짜잔 짠 - 잘 가
라 - - - - 나를잊어 -라 - - - - 이까짓것 사 -랑
몇번은더 할 -테니- - 잘 가 라 - - 돌아보지 말

Am   A/C#   Dm   A7sus4
-아라-- - 여기서난 안-녕   멀리안나갈테 니
A   1.   Bb   Dm   F   A   Bb   Dm
울 지 마- 라   3   3
F   A   Bb   Dm   3   F   A   A7sus4
A   A   2.   F   Am
잘 가 라 --   나를잊어 -라 --
A/C#   Dm   A
이까짓것 이-별   몇번은더 할 -테니--
C   F   Am
- 잘 가 라 --   돌아보지 말 -아라-- - 여기서난
Dm   Asus4   A
안-녕   멀리안나갈테 니   울 지 마-
Dm   F   Bb   Dm   F   A
라   3   3   울 지 마-
Bb   Dm   F   A   Asus4   A   Dm
라   울 지 마 라 ---- - -

잠자는 공주

장경수 작사 | 신웅 작곡 | 신유 노래
♩ = 90
G
D
Em
Bm
G
D
Em
Bm
D
세 상 이 미 워 졌 나 –
세 상 길 걷 다 가 보 –
Em
A
D
요
면
누 군 가 잊 어 야 만 하 – 나 – –
삥 돌 아 가 는 길 도 있 – 어 – –
D
Bm
Em
날 마 다 쓰 러 지 고 또 다 시 일 어 서 지 만 달 라 진 건 – 없 는 – 가
하 루 를 울 었 으 면 하 루 는 웃 어 야 해 요 그 래 야 만 이 견 딜 수 있
A
D
D
요
어
앵 두 빛 그 고 운 두 볼
D
A
에
살 – 며 시 키 – 스 를 해 주 면 그 – 대 는

잠 -에서 깨어 나- - 나-에게 -하 얀 미소지을
-까- 그대여 어서일어-나
차가운가슴을녹 여-요------ 또다시시작되는
아 침을걸어봐-요 그 대-곁에나 있 을 게
D.S. al Coda
앵 두 게
또다시시작되는 아 침을걸어봐-요 그 대-곁에나 있 을
게 그 대-곁에나 있 을 게

장녹수

박성훈 작사 | 임택수 작곡 | 전미경 노래

정

조남사 작사 | 김학송 작곡 | 조용필 노래

♩=70

Am   Dm   Am   Dm   E7   Am

Am   Dm   Am   E7
정 이란무엇 일 까   받는걸까   주 는걸까

Am   Dm   E7   Am
받을땐꿈속 같 고   줄때는안 타까 워

Am   E7   Am
정 을 쏟 고   정 에 울 며

G
살 아 — 온   살 아 — 온   내 가 슴 에

C   E7   Am
—   오 늘 도   — 남모르 게   무 지

E7   Am
개 뜨 네
D.S. al Coda

E7   Am
개 뜨 네

저 하늘 별을 찾아

박성훈 작사 · 작곡 | 유지나 노래

Bm D G D
- 이불-삼-- 아   밤이-슬을   벼개삼----
- 친구-삼-- 아   풀벌-레를   벗을삼----

D G A D A
아 - 지   친몸-을-   달 래면 - 서
아 -

Bm A D G
잠이 -드-는   집시인 - 생   아 침-

Bm A D Bm D A
해 --가   뜰 때-까- 지   꿈 속에 서-- 별을-찾는

D
1.
D
Sax Solo
다 -

D A D

G D G

Bm A D A

D
2.
Bm A D

정말 좋았네

윤정 작사 | 정환 작곡 | 주현미 노래
♩ = 135
Em
Am
B
Em
Am
B
Em
B
Em
Em
B
Em
사 랑 - - 그 - 사 랑 - - 이 -
C
Am7
B
정 - 말 - 좋 - 았 - - - 네
Em
B
B7
세 월 - - 그 - - 세 월 - - 이 -
이 별 - - 그 - - 이 별 - - 이 -
Am
Em
B
Em
가 는 - 줄 도 - 모 - 르 - - - 고
오 는 - 줄 도 - 모 - 르 - - - 고

불 - 타 - 던 두 - 가 슴 에
푸 - 르 - 던
그 - 정 을 새 기 면 - - - 서 - -
참 - 사 랑 새 기 면 - - - 서 - -
사 랑 을 주 고 - 사 랑 을 받 고 그 밤 이 좋 - 았 - 네 -
마 음 을 주 고 - 마 음 을 받 고 그 - 때 가 좋 았 - 네 -
사 랑 - 그 - - 사 랑 - - 이 -
정 - 말 - - 좋 - 았 - - - - 네 - -
정 - 말 - - 좋 - 았 - - - - 네 - -

정열의 꽃

김수희 작사 | 김기표 작곡 | 김수희 노래

난 너 무 행 복 해 요
이 제 서 야
끝 이 보 인 -
서 로 의 시 작 앞 에 -
산 소 처 럼 너 무 깨 끗 한 -
공 기 처 럼 너 무
투 명 한 -
이 런 사 랑 갖 게 해 준 -
당 신 을 사 랑 해 요
오 늘 은 찐 찐 하 게
키 스 해 줘 요
요
당 신 을 사 랑 해 요
오 늘 은 찐 찐 하 게
키 스 해 줘 요

275

지금

김수현 작사 | 조영남 작곡 | 조영남 노래

지금 – 지금 우린 그옛날의우리가
지금 – 지금 우린 그옛날의열 정이
아닌 걸– 분 명
아닌 걸– 분 명
내가 알 고 있는만 큼 너도 알 아
내가 알 고 있는만 큼 너도 알 아
단 지 지금 우 리는 – 달 라 졌다–고 먼 저
단 지 지금 우 리는 – 헤 어 지 자고 먼 저
말할 자 신– 이 없 을뿐 –
말할 용 기– 가 없 을뿐 –
아 – 저만– 치 와 있 는이 별 이 –
아 – 저만– 치 와 있 는안 녕 이 –

정 녕 코 무 섭 진 - 않 아
그 다 지 슬 프 진 않 아
두 - 마 음 의
두 - 가 슴 에

빛 바 램 이 -
엇 갈 림 이 -
쓸 쓸 해 보 일 뿐 이 - 지 - -
허 무 해 보 일 뿐 이 - 지 - -

진 정 사 랑 했 는 데
아 닌 척 서 로 웃 으 며 -
우 리 는 왜
이 젠 안 녕
사 랑 은
이 젠 안

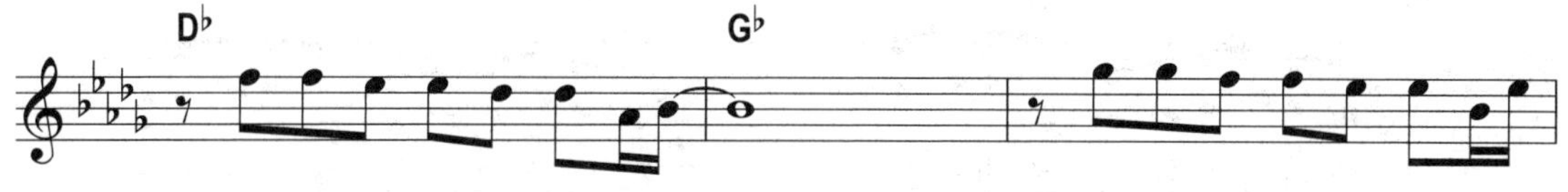

1.
왜 변 해 만 - 가 는 - 지 -

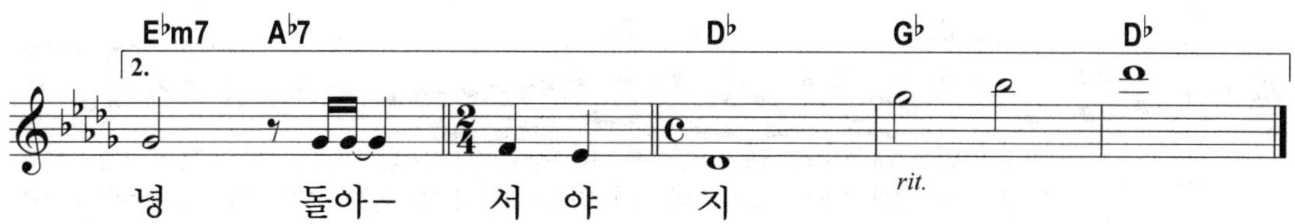

2.
녕 돌 아 - 서 야 지
rit.

진또배기

김학진 작사 | 송결 작곡 | 이찬원 노래

♩ = 140

Am
Dm
모 진 비바람을 견-디며- 바 다의-심술을 막아주고-
C
Am
말없 이마을 을 지-켜온- 진또배기 진또배기 어 허 어 허
Dm
E
Am
C
어 허 어 허 허야디야- - 풍어 와풍년 을 빌-면서-
Dm
Am
일-년-내 -내- 기원하는- 진또배기 진또배기 진
E
Am
--또배-기 - 진또배기- 아 - - - - -
Am
C
E
- ---- - 어 - -어 -
Am
Dm
C
허 야디야 허 야디야 허 야디야 허 야디야 띠리디
Am
G
Am
2.
Am
띠 띠디 띠리디 디 아---- - 진또배기 진또배기
Am
Dm
E
Am
허 야디야 아 어 허 허야디야 허 야디야- - 얼 쑤

짠짜라

정인 작사 | 임강현 작곡 | 장윤정 노래

이 리 저 리 로 왔 다   요 리 조 리 로 갔 다   아 직 도 헷 갈 리 나

요   짠 짠 짠 하 게 하 지 말 아 요

말 없 이 그 냥 가 세 요   짜 라 라 짜 짜 짜   짠 짠 짠 이 제

울 지 않 아 요   잘 - 가   요 안 녕 내 사 랑   짠 짠

랑 짠 짠 잘 - 가   요 안 녕 내 사 랑 짠 짠

짜 라 라 짜 짜 짜

잘 - 가   요 안 녕 내 사 랑 짠 짠 짠

찬찬찬

김병걸 작사 | 이호섭 작곡 | 편승엽 노래

♩ = 128
Am
E7
C
E7
E7
Am
E7
Am
차 디
노 -
Am
Dm
G
C
찬 그라스에 빨- 간 립스틱 음악
란 스탠드에 빨- 간 립스틱 그누
Am
Dm
E7
Am
에 묻혀 굳어 버린 밤깊은카페의여 - 인 가
굴 찾아 여기 왔나
Am
B♭
Dm
Am
E7
녀 린어깨위로 - 슬 픔이 연기처럼피어오를 때 사랑
Am
E7
Am
을 - 느끼면 서 다가 서 는나를향 해 웃음

을 던지면 – 서 술 잔 을 부딪치며 찬 찬 찬
그 러 나 마 음 줄 수 없 다 는 그 말 사 랑 을 할 수 없 다
는 그 말 – 쓸 쓸 히 창 밖 을 보 니
주 루 룩 주 루 룩 주 루 룩 주 루 룩 밤 새 워 내 리 는 – 빗
물 아 – – – – – –
아 – – 아 – 아 – – – –
물 밤 새 워 내 리 는 – 빗
물 –

찰랑찰랑

박건호 작사 | 이호섭 작곡 | 이자연 노래
♩ = 148
찰 랑 찰 랑 - 찰 랑 대 네 - 잔 에 담긴
그 모 습 이 - 찰 랑 대 네 - 사 랑 이란
- 위 스키 - 처럼 - 한 잔술이던 - 가
오 오 오 그 대는나를 취 하게하는 사 람 이었 고
- 가 까이에서 이 마 - 음을 자 - 꾸 흔들었어
- 촉 촉 히젖 은 - 눈 빛 하나 로 -
이 마 음을 적 - 셔 주었 어 -

그 것 이 사 랑 이 라 - 면 이 순간 -
모 든 것 다 줄 수 있어 -
그 것 이 거 짓 없 는 진 실 이 라 면 - 나 는 나 - 는
그 대 잔 속 에 서 찰 랑 찰 랑 대 - 는 술 - 이 되 리 라
오 오 오
나 는 나 - 는 그 대 잔 속 에 서
찰 랑 찰 랑 대 - 는 술 - 이 되 리 라 그 - 대 위 하 여

 참아주세요

정의송 작사 · 작곡 | 김혜연 노래

♩ = 140

Am   C   Em
요 놈 의 개 구 리 를   사 로 잡 아 –   우 리 아 빠 몸 보 신 을
요 놈 의 사 슴 뿔 을   잘 라 다 가 –   우 리 아 빠 사 슴 피 를

Am   Em   Dm
해 드 리 면 –   아 이 구 – 우 리 딸   착 하 구 나 – 하 고 좋 아 – 하 실 거 야
받 아 주 면 –   아 이 구 – 마 누 라   최 고 구 나 – 하 고 좋 아 – 하 실 거 야

E   Am   C
–   (야 야 야 야)   하 지 만 안 돼 요 (왜)   그 러 지 마 세 요 (왜)

Em   Am   C
아 빠   – 참 아 주 세   요   산 과 들 에 뱀 – 과   개 구 리 가 –
                                     그 런 다 고 남 보 다   오 래 사 나 –

Em   Am   Em   Am
씨 – 가 – 말 랐 대 요 –   – –   싹 – 쓸 이 당 했 대 요 –   – –
소 용 없 는 일 이 예 요 –   – –   부 질 없 는 일 이 예 요 –   – –

Am   C   Em
하 지 만 안 돼 요 (왜)   그 러 지 마 세 요 (왜)   아 빠   – 참 아 주 세

Am   C   Em
요   산 과 들 에 뱀 과   개 구 리 가 –   씨 가 – 말 랐 대 요

Am   Em   Am
– – –   싹 쓸 이 당 했 대 요 –   – –

천년바위

장경수 작사 | 장욱조 작곡 | 박정식 노래

♩ = 75

생은 - 무 엇 - - 인 가 요 -
삶 은 무 엇 인 가 - 요 - - - -
부 질 없 는 욕 심 - 으 로 - 살 아 야
만 - - - 하 나 - -
이 제 는 아 무 것 도 그 리 워 말 - 자 -
생 각 을 하 지 말 - 자 - - -
세 월 이 - 오 가 는 길 목 에 서 - 서
천 년 바 위 되 - - - 리 - 라 -
F.O

천년을 빌려준다면

조동산 작사 · 작곡 | 박진석 노래

무엇이든 다 해주고싶어
원하는것 다 해주고싶어
만약에 하늘이 하늘이 내게
어느날 하늘이 하늘이 내게
천--년을 -빌려 준-다 면
그 천년을 당신을위 해 사랑을위 해 아낌
없 이 모두쓰겠 소 -

천년지기

정동진 작사 | 김정호 작곡 | 유진표 노래

우 리 우 정 의 잔 을 - 높 이

들 어 - - 건 배 를 하 자 - - 같 은 -

배 - - - - 를 함 께 - 타 고 떠 나 는 인 생 길 -

니 가 - 있 어 - 외 롭 - 지 않 아 - - 넌

정 말 - 좋 은 - 친 구 야 - -

친 구 야
D.S.
- 넌 정 말 - 멋 진 친

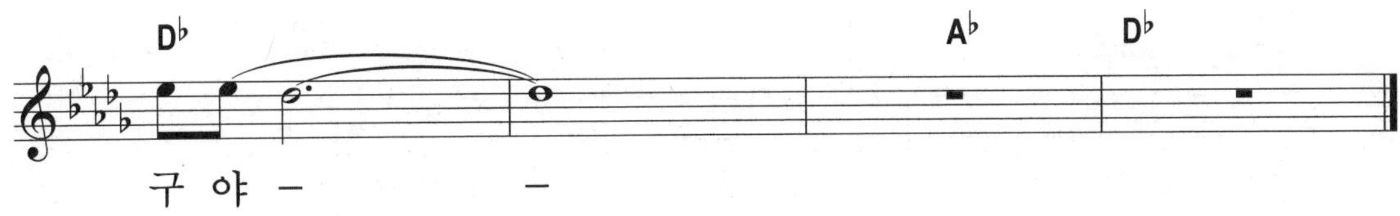

구 야 - -

천상재회

김정욱 작사 · 작곡 | 최진희 노래
그 대는
- 오-늘밤 도 내게 올 순없겠지 - 목메어
- 애타게 불 - 러도- 대답없는그 대
여 못 다한 - 이-야기는 - 눈 물이
- 되겠지요 - 나만을 - 사랑했다 는말
바람결에- 남았어 요 끊을 수 없는- 그대와
나 의 인 연은- 운 명 이-라 생 각 했죠- 가슴

Am   Em   C
에 묻은- 추 억 의 작 은 조 각 들- 되 돌 아 회 상 하-면
B7   Em   Am
서 천 상 에 - 서 다-시 만 나 -면 - 그대
D   B7   Em
- 를 다 시 만- 나 면 세 상 에 - 서 못- 다 했던
Am   F#dim   B7   Em
그 사 랑 을- 영 원 히 - 함께할 래 -요 -
Em   F#dim   B7   Em
E   E7   Am   Em B7 Em   D.S.
끊을
Em   Am
- 요 세 상 에 - 서 못- 다 했던 그 사 랑 을- 영
F#dim   B7   Em   B7/E
원 히 - 함 께 할 래 요
B7/E   Am/E   Em

천태만상

노상곤 작사·작곡 | 윤수현 노래

(얼 럴- 러리요)   술판 다술장수   밥판 다밥장수   옷판 다옷장수
고기채소과일장수-   놀고먹는백수   운동한다선수   축구야구농구배구
씨름 골프복싱태권도   말을탄다기수   집짓는다목수   돌깎는다석수
고라니 잡는포수   얼 럴- 러리요   (얼 럴- 러리요)   천 태 만 상- -
인간세상-   사 는법 도- 가지가지-   귀 - 천 이
따 로있 나 -   -   우루루 에헤이   아 자 자 자 짜
천 태 만 상-   - 인 간 세 상 -   사 는법 도-
하!
가 지 가 지 -   귀 - 천 이 따 로있나- -
설 교 한 다 목 사 님   염 불 한 다 스 님   가 르 친 다 선 생 님

병 고 친 다 의 사 님 – 재 롱 둥 이 연 예 인 나 라 지 키 는 군 인
육 군 공 군 해 군 해 병 대 특 선 사 카 츄 샤 순 경 의 경 공 무 보 는 공 무 원
업 무 보 는 회 사 원 경 비 보 는 경 비 원 청 소 하 는 미 화 원
얼 럴 – 러 리 요 (얼 럴 – 러 리 요) 농 사 짓 는 농 부 고 기 잡 는 어 부
공 사 장 에 잡 부 알 바 도 우 미 파 출 부 – 약 초 캐 는 심 마 니
오 일 장 에 할 머 니 달 래 냉 이 취 나 물 콩 나 물 고 사 리 더 덕 단 감 곶 감
이 고 지 고 오 셔 서 한 푼 두 푼 벌 어 서 손 주 용 돈 주 면 서
고 생 고 생 하 는 데 백 수 가 웬 말 이 냐 천 태 만 상 – –
인 간 세 상 – 사 는 법 도 – 가 지 가 지 – 귀 – 천 이
따 로 있 나 – – 호 잇 호 잇 호 잇!

청춘을 돌려다오

월견초, 최치수 작사 | 신세영 작곡 | 현철 노래

첫사랑
이인혜 작사 | 정의송 작곡 | 장윤정 노래
♩ = 72
B♭add9
Gm7   Cm7   F   B♭
Gm7   Cm7   F7   B♭
그대를처음본－순
Gm   E♭   F   B♭
－간－ 내가슴 너무－ 떨－렸어요 － 그때이미－－예감했
Gm   Cm   F7   B♭ F/A   Gm
죠 사랑에 － 빠－질－것을 그대의몸－짓
Dm   Gm   Dm   Gm
그대의미소 다정스런그－대목소리 － 나어떡해－요
E♭   F   E♭   F   B♭add9 Gm7
숨이멎을것같－아－ 그대에게빠져버렸어요 － 하루 온 종－일 그대
E♭   F   B♭add9 Gm7   E♭   F   B♭
생각뿐－이죠－ 내일 역 시－도 그리 보낼거－예요－ 손내밀어잡아주세요

이런 내 사랑받 - 아 주세요 -
그대 의몸 - 짓
그대의미소 다정스런그 - 대목소리 - 나어떡해 - 요
숨이멎을것같 - 아 - 그대에게빠져버렸어요 - 하루온종 - 일 그대
생각 뿐 - 이죠 - 내일역시 - 도 그리 보낼거 - 예요 -
손내밀어잡아주세요 - 이런 내 사랑받 - 아주세요 - 이런
내 사랑받 - 아주세요 -

초혼

김순곤 작사 | 임강현 작곡 | 장윤정 노래
살아 서 는 갖지 못 하 - - 는 - 그런
이 름하나때문 - 에 그 - 리운 맘 눈물 속
에 - - - 난 - 띄 워보낼뿐이 - 죠
스 치 듯 보낼 사람 이 어 - 쩌 다 내게 들어 -
와 장 - 미 - 의 가 시 로 남아 서 - 날 -
아 프 게 지켜 보 네 - 요 따 라 가 면 만 날 수

C   F   Am7   G
있 - 나 -   멀 - 고   면 세 상 끝 까 - 지   그 대 라

Am   C   F   G
면   어 디 라 도 - - -   난 - 그   저 행 복 할 테 -

C   F   Am
1.
니

Dm   C   E   F

Am   Dm   Em   Am
3
살 아

C   F   G   C
2.
니   난 - 너   무 행 복 할 테 - 니

FM7   Am   Dm   E   Am

춤추는 탬버린

정현숙 작사 | 조만호 작곡 | 현숙 노래

♩ = 130

불러보는- 이 -노래는- 그사 람-십팔- 번
훌라춤에- 난 노래하는- 춤 추는-탬 버 린
훌라훌라훌라 이 -밤이가도록- 춤 추는탬 버 린 -
훌라훌라훌라 훌 -라훌라훌라- 훌라춤을춘 다 탬버 린-
불러보는- 이 -노래는- 그사 람-십팔- 번
훌라춤에- 난 노래하는- 춤 추는-탬 버 린
훌라훌라훌라 이 -밤이가도록- 춤 추는탬 버 린 -

친구

Liu Si Ming 작사 | Liu Zhi Hong 작곡 | 안재욱 노래

♩ = 68

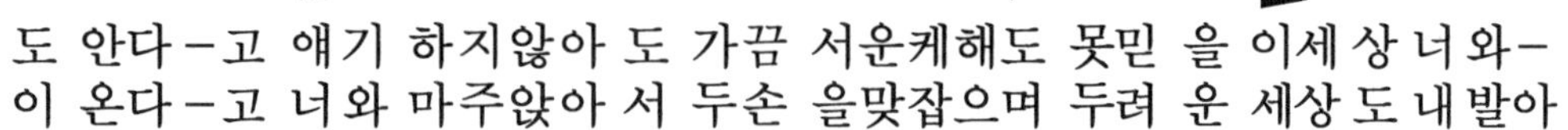

E B/D# C#m D E D G D.S.
예 – – – – –
겁없
G E♭7 A♭ E♭/G Fm7 Cm7
–니 세상 에꺾일때면 술한 잔기울이며 이제
D♭ A♭/C B♭m E♭7 A♭ E♭/G Fm7 Cm7
곧 우리의 날들– 이 온다–고 너와 마주앉아서 두손 을맞잡으면 두려
D♭ A♭/C B♭m7 E♭7 A♭ D♭ A♭/C
운 세상도 내발아 래 있잖 –니– 눈빛 만 보아도 널알–
B♭m7 E♭7 A♭ E♭/G Fm7 Cm7 D♭ A♭/C
아 어느 곳에있어 도 다른 삶을살아도 언제 나 나에 게 위로–
B♭m7 E♭7 A♭ E♭/G Fm7 Cm7 D♭ A♭/C
가 되준–너 늘푸 른나무처 럼 항상 변하지않을 널언 은 이세 상 그걸–
B♭m E♭7 A♭ D♭ B♭m7 E♭7
로 충분 –해– 내삶 이 하나 듯 친구– 도 하나
A♭ E♭/G Fm7 Cm7 D♭ A♭/C B♭m7 E♭7 A♭
야

친구야

김범롱 작사 · 작곡 | 김범롱, 박진광 노래

그늘진- 니얼굴에 - 환한 웃음을 띄우려마 저-
하늘이무너져도 우린뭐든지- 할수가있어 - 친구야
- 친구야 - 험한 세상에- 다리 가될게친구야
- - - - 친구야 - 사 랑한다나의친구야 -
영
원 한나의 친구야 - 누구나- 알고있 어 넌 쓰려-지지-
않 는다는걸 - 너에겐- 힘이있 어- - - 헤이친구 야
- 친구야 -친구야- 친구야 - 친구야- 영 원 한나의-친구야

최고 친구

김시원 작사 | 김정호 작곡 | 소명, 김정호 노래

C   Am   C   Am
-디든지달 려온 -   네가-정말 최고 친--구야
-낌없이감 싸준 -

G   C   Am
-          -   세 - 찬 비바람이 불-어도-   거

Dm   Am   F
- 센 눈보라가 닥-쳐도-   함께있어

C   G   C
나는 행-복해-   고맙 다-친구야 -

F   Am   Dm   G
사랑한다-친구야 -   오-늘은 술이 너무 달-

C   C
다 -   고맙 다-친구야 -

F   Am   Dm   G
사랑한다-친구야 -   오-늘은 술이 너무 달-

C   C
다 -   (최고 친구)

콩깍지

최비룡 작사 | 최준호 작곡 | 장윤정 노래

♩ = 110

시비걸지마 내눈엔 그사람만 보여 – 사 랑 의콩깍지
씌여버렸어 나는 나 는어쩌면좋 아 사랑의콩깍지에콩
그사람의콩깍지에콩 콩 난 푹 빠 져 버 렸 어
사 랑의콩깍지 씌여버렸어나는 나 는 어쩌면좋 아
사 랑 의콩깍지 씌여버렸어 나는 나 는어쩌면좋 아
아 나는 나 는어쩌면좋 아

쿵짝인생

이진욱 작사 · 작곡 | 현진우 노래

(쿵짝인생―)
(쿵짝인생―)
사람이살다보면 오르막길도 내리막길도있잖 아
가 슴답답하게 고민하지마 때가되면잘풀릴거 야
사랑을하다보면 좋은사람도 싫은사람도있잖 아
머 리복잡하게 생각하지마 때가되면꼭만날거 ―야― 아
하 우리네 쿵 짝―인생 멋 진영화처럼 잘살아보자
인생이별거있냐 사랑이별거있냐 어차피한번사는 데

내인생내가바-로 주인공이다 신 나 게살아볼란 -다-
안 나 오 면 쳐 들어간 다 쿵 짜라짝 짝 짝 짝 이게바 로 내 방 식 이
다 사나이가는 길 쿵짝 인생 멋 지 게살아볼란
- 다 - (쿵짝인생-)
(쿵짝인생-)
(짜 잔) 아 - 다 - 사 나 이 가 는 길
막 지를 마 라 인 생 에후회는없 - 다 -
쿵 짝

타타타

양인자 작사 | 김희갑 작곡 | 김국환 노래

태클을 걸지마

진성 작사 | 진성철 작곡 | 진성 노래

테스형!

나훈아 작사 · 작곡 | 나훈아 노래
♩ = 94

어쩌다가 한바 – 탕   턱빠 – 지게웃는 – 다
울아버지 산소 – 에   제비 – 꽃이피었 – 다

그리 고는 아 픔을   그웃음에 묻는 – 다
들국 화도 수 줍어   샛노랗게 웃는 – 다

그저 와준 오늘 – 이   고맙기는 하 여도 –
그저 피는 꽃들 – 이   예쁘기는 하 여도 –

죽어 도 오 고마는   또내일이두렵 – 다
자주 오지 – 못하는   날꾸짖는것만 같다

G F E7 Dm Am
아 테스형– 세상이 왜 이래–
아 테스형– 아프다 세 상이–
G C E Dm
왜 이렇게 힘 들어 아 테스형– 소크라
눈 물많은 나 에게 아 테스형– 소크라
Am G C E
테 스형– – 사랑은 또– 왜 이래– –
테 스형– – 세월은 또– 왜 저래– –
Am E7
너자신을 알 라며 툭내뱉고간 말을 –
먼저가본 저 세상 어떤가요테 스형 –
E7 Am
내가 어찌 알 겠소 모르겠소 테 스형–
가보 니까 천 국은 있던가요 테 스형–
Am Am Dm
1. 2.
아 테스형 아
Am E7
테 스형– 아 테 스형– 아
Am G F E7 Am
1. 2.
테 스형– 아 테 스형– –

편의점

사마천 작사 | 홍진영 작곡 | 이찬원 노래
♩ = 120
(편의점에들 − −러야 − 지−)
오늘 하 − 루 − 길었 다 − 퇴근길이고 되구 − 나
맥주 한 − 캔 생 − 각난다 편의점에들 − −러야 − 지
소주 한 − 잔 생 − 각난다 편의점에들 − −러야 − 지
밤 새환한 −불빛 꺼지지않 − 는 날 반기는 저간 − 판
술이나 − 한잔 하고자야 − 지 오늘도 고생많았 − 다−
삼 각김밥 라면하나 − 사는게 다그런거 − 지−

홀로가는내인생 위로 하 - 네 우리동 네 - 편의 - 점 -
(삼각 김 - 밥 라면하나 - 에 사는게다그런거 - 지)
(편의점에들 - - 러야 - 지 -)
사랑 땜 - 에 - 외롭 고 - 돈 때문에 힘이들 - 때
삼 각김밥 라면하나 - 사는게다그런거 - 지 -
홀로가는내인생 위로 하 - 네 우리동네 - 편의 - 점 -
홀로가는내인생 위로 하 - 네 우리동네 - 편의 - 점 -
- (우 리 동 네 편 의 점)

하이난 사랑

정지현 작사 | 박성훈 작곡 | 권성희 노래

G#
C#m
F#m
분위기에취해 서 -   그사랑에취해 서 -   잊을 수없 는
F#m
C#
F#m
정 든 밤 이여 -   -   부서지는파 도 소 리에-
C#m
G#
C#m
둘이 서새 긴 그 사랑-   젊 음이불 타는 하 이 난 의밤
G#
C#m
F#m
-    -   아 아 -   아 아 아 아-
C#m
G#
C#m
-    잊 지 못할 하 이 난 의밤 -   -
-    깊 어 가 는 하 이 난 의밤 -   -
C#m
1.
F#m
C#m
F#m
E
C#m
G#
G#
2.
C#m
깊 어 가 는 하 이 난 의밤 -   -
C#m
G# C#m
우 아

해후

최성수 작사 · 작곡 | 최성수 노래

♩ = 68

어 느 새 바 람 불 어
와 옷 깃 을 여 미 어 봐 도
그 래 도 슬 픈 마 음 은 그 대 로 인
걸 그 대 를 사 랑 하 고 도
가 슴 을 비 워 놓 고 도 이 별 의 예 감 때 문
에 노 을 진 우 리 의 만 남 사 실

은 - 오늘 문득 그대 손 을마주 잡고서 창
넓 은 - 찻집에 서 다정스 런-- 눈빛으 로 예
전 에그 랬듯 이 마주보 며 - 사랑하고 파 어 쩌
면 - 나당 신을 볼 수없을것 같 아 사랑
해 - 그순 간만은 - 진 실이 었어 -
사 실

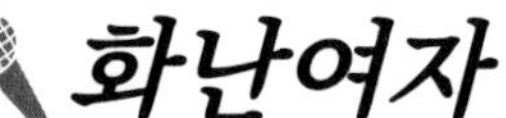

화난여자

윤명선 작사 · 작곡 | 김혜연 노래

♩ = 135

하-니-까 나를배신--해- 에 라몹쓸사람

아 (사람아) 앞으론국물도없 다 싫 어지 는-

인생사가 나를울 려버리 네--

나 를울 려버리

네-- 못 나갈때바리 바리걷어서 인 간만들어놨더

니 먹 고살 만- 하-니-까 나를배신--해-

에 라못난사람 아 (사람아) 앞으론국물도없 다

싫 어지 는- 인생사가 나 를울 려버리 네--

나 를울 려버리 네-- - -

화장을 지우는 여자

정찬우 작사 | 김정호 작곡 | 강진 노래

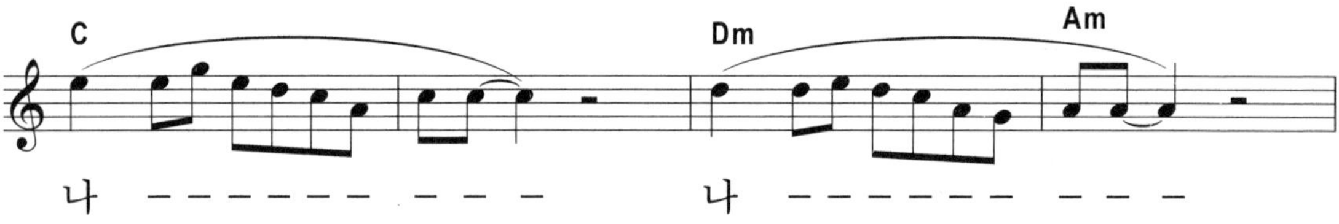

C F Am
행여만 날 그 사람－이－ 몰라볼 까－봐
Dm G C
가－슴이 두근－거－리－ 네－－
G Am Em
핑크빛입 술을 그리다가 뜨거웠던－추억에
G C
젖어버렸나 곱게－그린 두 눈－가에
C G C
이슬－맺 히 －네－ － 사 랑을잃어버린
C Dm Am
그녀－ (그녀－) 하 얀－티 슈에 묻어나는추억－
C Dm G C
화장 을 지 우는 여－자－－ －－
D.S.
C C#m B A G# C#
－ －

황진이

한솔 작사 | 박현진 작곡 | 박상철 노래
♩ = 146
Bm Em F♯
Bm F♯ Bm
(황 진이황 진이 진이진이야   나야황진 이)
Bm Em F♯ Bm
어 얼씨구   저 절씨구   너를안고내가내가 돌아간 - 다
Bm
황 진이황 진이 황 진 이   내 일 이면   간 다 -
Em D F♯
너를 두고   간 다 -   황 - 진이 - - 너 를 두고 -   (간
F♯ Bm A D
- 다간다간다간다) 이 제 - 떠나면 -   언 - 제 또 올까 -
F♯ Bm
사랑 아 - 사랑아 내 - - 사랑 아
A D F♯
개나리도 - 피고   진달래도 - 피고   뻐꾹이가울 텐 데
봄 - 여름 - 가고   가을이 - 가고   겨울이지나가면 -

그리워서 어 떻-게 살 까 -
능 수 버들 늘-어 지고 소나기내리 면 - 보고파서
하늘에서 꽃 송이- 하얗게내리 면 - 눈물나서
어 떻-게 살 까 - 그 래도 가 - 야지-
너를 위해 가 - 야지- 황-진이- -너 를 위해
- (간 - 다간다간다간다) 내 가 -사랑한 -
나의 황 진이 - 사랑 아-사랑아 내 --사랑 아
어 얼씨구 저 절씨구 너를안고내가내가
돌아간-다 황 진이황 진이 황 진 이

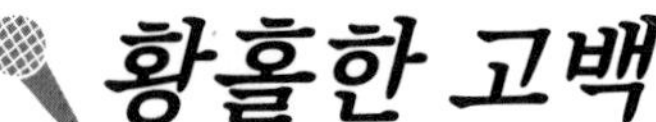

황홀한 고백

이건우 작사 | 윤수일 작곡 | 윤수일 노래

♩ = 155

불 타 는 눈 동 자 - 목 마 른 그 입 술 - 별 들 도
잠 이 - 들 고 이 대 로 영 원 히 -
너 만 을 사 랑 해 - 황 홀 한 그 한 - 마
디 - 지금도늦지않았 - 어 - 내곁에돌아온다
- 면 - 나는너를 영원히사랑할거 - 야 -
D.C.
- 나는너를 영 원 히 사 랑 할 거 - 야 -
- 나는너를 영 원 히 사 랑 할 거 - 야 - -

훨훨훨

나옹선사 작사 | 정의송 작곡 | 김용임 노래

흔적

김순곤 작사 | 방기남 작곡 | 최유나 노래

가요교실

발행일 2024년 8월 20일
발행처 아름출판사
주 소 경기도 고양시 덕양구 독곶이길 171(주교동)
　　　　http://www.armusic.co.kr
전 화 (031)977-1881~2(영업부)
　　　　(031)977-1883~4(편집부)
팩 스 (031)977-1885
등 록 1987년 12월 9일 제2001-7호

발행인 성강환
편집인 편집부

본 도서는 무단 복사, 전재할 수 없음(파본은 교환해 드립니다)

ISBN 979-11-987006-1-2　　13670

이 책의 수록곡들은 저작료를 지급한 후에 출판되었으나, 일부 작곡들은 부득이하게 저작자 또는 저작권 대리권자에 대한 부분을 찾지 못하였음을 알려드리며 추후 저작자 또는 저작권 대리권자께서 본사로 연락을 주시면 해당곡의 사용에 대한 저작권법 및 저작자 권리단체의 규정에 따라 조치하겠습니다.
아름출판사는 저작자의 권리를 존중합니다.